ありがとう!

僕の役者人生を語ろう

草刈正雄

世界文化社

母一人子一人、四畳半一間に暮らす生活は、
決して楽ではありませんでした。
母は大変な苦労をして僕を育ててくれました――
なんとか早く一人前になりたい。
そう僕は願いました。

相手を驚かせるようなことをやってみたい、
意外なギャップを出してみたい、
といった想いは、
常に僕の中にあったような気がします。

知らず知らずのうちに
天狗になっていたあの頃——
見る見るうちに、仕事がなくなって……

カメラが
自分の正面で止まらない——
スッと横に逸《そ》れてピントが別のところに合うのです。
それを肌で感じるのは、
さすがにつらいものがありました。

天から与えられたとしか
思えないような「出会い」があり、
それによって大きく運命が
切り拓《ひら》かれてきました。

ありがとう！

僕の役者人生を語ろう

草刈正雄

世界文化社

はじめに

17歳でこの世界に入ってから、早いもので半世紀が経ちました。光陰《こういん》矢の如し、もうそんなに長い年月が過ぎてしまったのかと思うと、自分でも驚いてしまいますが、よくここまで続けてこられたなという感慨も同時に込み上げてきます。

50年の間には、当然のことながら、いいときもあれば思うようにいかないときもありました。どん底で明日の希望がまるで見出せないときも、一度や二度ではなかったと思います。しかしながら、それでもこの道で生きていくんだという覚悟を決めて一歩ずつ歩いていると、不思議なことに、ここぞというところで必ず思いもかけない「出会い」に恵まれ、救いの手が差し伸《の》べられてきたのです。

そう、僕の人生は、この数々の「出会い」によって導かれてきたといっても過言ではないくらい、それは今振り返っても「奇跡」としか呼びようのないほどありがたいものでした。

そして、60歳を過ぎた今、そうした「出会い」の積み重ねによって、僕はまた、それまで想像だにしなかった新たなフィールドに自らが押し出されてきたような気がしています。


若い頃は「二枚目」のイメージが固定してしまい、どんなに足《あ》掻《が》いてもそこから抜け出ることができなかったのですが、下町の理髪店の親父や若い人に人生を説く90歳近い老人の役、戦国武将や腹黒い官房長官の役、またコメディからシリアスなドラマまで、かつての僕からは想像もできない幅広い役柄をいただけるようになってきたのです。本格的なバラエティにも挑戦しました。

素晴らしいスタッフとの「出会い」が、僕の中の別な引き出しを開けてくれました。その熱意に僕も何とか応えようとして取り組んでいるので、思い切り楽しめています。それを、いろいろな方に見て、感じていただけているようで、小学生からご年配の方まで、女性だけでなく男性からも「草刈さーん！」と声をかけていただけるようになりました。

この年齢から、こんなふうに人生が展開していくなんて、若い頃は夢にも思いませんでした。人間、簡単にわかったり、悟ったり、ましてや諦めたりしてはいけないものだと改めて痛感しています。

また、いろいろな役柄を演じさせていただくうちに、本当の僕も、実は「二枚目」でもなんでもなくて、普通のオジサンなんだよ、ということを自然に皆さんに言えるようになってきました。いや、元から自分では自然に振る舞っていたつもりなのですが、それをそのまま受け取っていただけるようになってきたと言ったらいいでしょうか。皆さんがこれまで抱いてくださっていた「草刈正雄」というイメージとのギャップを、楽しんでくださるようになったのかもしれません。

現代は、人生100年時代だとよく言われます。とはいえ、かく言う僕も50代になった頃には、もうこのまま新しいことに挑んだりせずに、慎ましく今の立ち位置をキープし続けていくだけで充分だと考えていました。けれどもここ10年の扉の開かれ方を経験して、まだまだこんな僕にも挑戦すべきことがある、落ち着いてセミリタイア気分になっている場合じゃない、そんな思いが沸々《ふつふつ》と湧いてきたのです。

激しく変化する流れについていけなくなったり、誰からも求められていないような気がして孤独になったり、自分を見失ってしまったり……。そんなことが他人事ではない今の世の中、それでも、自分に正直に生きていれば、新たな人生との出会いは必ずあると僕は信じています。壁にぶつかったり、つまずいたり、そんなデコボコだらけの人生でしたが、そのときのデコボコがあっての今だなぁと、しみじみ思うのです。

芸能生活50年という節目を迎えて、今回改めて、僕と出会ってくださった方々一人ひとりへの感謝の思いをこめて、これまで歩んできた道を振り返ってみようと思いました。こんな僕のささやかな体験でも、読んでくださった方の「明日を生きる力」に少しでもなれたなら、こんなに嬉しいことはありません。僕自身も、また新たな気持ちで未来へと踏み出していきたいと思っています。

2020年　夏

草刈正雄

CHAPTER 1

出会い

役者人生Part 1

いくつかの
奇跡のような「縁《えにし》」が
僕を役者へと導いた

母一人子一人の四畳半生活。自立心の芽生えは早かった

僕は1952（昭和27）年9月5日、福岡県小倉市（現・北九州市小倉北区）で生まれました。母のスエ子は当時20歳、父はロバート・トーラというアメリカ軍人でしたが、僕がまだ母のお腹の中にいるときに朝鮮戦争で戦死したのだそうです。母は、父が亡くなった後、その写真を1枚も残さずに処分してしまったので、僕は生まれてから今日まで父の顔を知りません。ただ、いつも母に言われるのは、「お父さんは、あなたよりはずっとハンサムだったわ」ということ。そして、「あなたよりずっと勉強家でもあった」ということでした。

母一人子一人、四畳半一間に暮らす生活は、決して楽ではありませんでした。母は大変な苦労をして僕を育ててくれましたが、生活は苦

しく、四畳半のスペースに母と二人という環境も、成長期を迎えるようになると僕には息苦しいものでした。

なんとか早く一人前になりたい。そう願った僕は、幼い頃から自立心が強く、中学に入ったと同時に新聞配達を始めたのです。少しでも家計の助けになればという気持ちももちろんありましたが、一番の動機は、自分がその頃欲しかった、テレビと自転車を何としても買いたいと思ったことでした。そして、息苦しい部屋を出て、少しでも外の広い世界を感じてみたいという思いも強くありました。結局、中学卒業までの3年間、真面目に勤め上げて、目標だったテレビと自転車を買うことができたのです。

運命を180度変えたスナックのマスターとの出会い

そのような状況でしたから、中学卒業後も仕事をしながら学べるように、県立小倉西高校の定時制に進学。昼間は仕事をして、夕方から学校に通う日々が始まりました。非常に忙しい毎日でしたが、高校では念願の軟式野球部にも入部。全国大会にも進むような強豪校で練習も相当ハードでしたが、若いからできたのでしょう。今振り返っても朝から晩まで充実した毎日でした。

仕事は、小倉に本社があった東洋陶器株式会社（現・TOTO）に入社。初任給は1万9000円でスタートしたのですが、上司ともめてわずか3日でクビになってしまいました。

次に就職したのが、なんとこの本の出版社である世界文化社さんの代理店だったのです。「家庭画報」や歴史本、子ども用の教育書籍などの見本を持っては、近所の団地などを回って訪問販売するという仕事でした。意外にも僕には〝売る才能〟があったようで、最初はよく買ってもらったりしていたのですが、そのうちにこちらもサボり癖が出てきたりして、しっくりこずに辞めてしまいました。

そして、次に始めた仕事は商店街にある文具店で扱う文具を、注文を受けた近所の会社などに配達するというものでした。これが一番長く続いた仕事ではありましたが、それでも続けるうちに、配達の途中、喫茶店でちょっとサボる……ということが増えていきました。

そんなある日のこと、街中で、一人の中年男性から声をかけられたのです。「ねえ君、ご飯まだなの？」

あまりに唐突《とうとつ》で、普通だったら面食らいそうなところですが、相手の口調があまりに自然な感じだったので、思わず、

「ええ」

と、答えている自分がいました。その人は続けて、

「食べたいものある？」

と聞くではないですか。僕も素直に、

「お肉が食べたいです」

と、リクエストしました。すると、その方はステーキを食べに連れていってくれたんですね。

今考えてみると、いきなり声をかけてきた相手についていくなんて、なんと無防備だろうと自分でも思うのですが、どことなく「この人は信頼できる」というふうに感じられたのでしょうか、すっかりご馳走になってしまいました。食事をしながら話を聞いてみると、実はその人はスナックのマスターだとわかりました。そして、

「私はこういう仕事をしているのだけど、よかったらうちを手伝わないか」と話をもちかけてきてくれたのです。

なぜ初対面の大の大人が、いきなり高校生の僕にそんなことを言ってきたのか不思議でしたが、どうもそのマスターという人は……街中で時々僕を見かけて、遠巻きに何をしているのか、見ていたようです。
小倉にある井筒屋《いづつや》という百貨店の隣には当時、東映の映画館があったのですが、そのまた隣に「30円コーヒー」というお店があって、僕はそこによくたむろしていたのです。配達の仕事をサボってはそこでコーヒーを飲んでいる僕の姿が、おそらくマスターの目に留まったのだと思います。田舎町でこの見てくれですから、目立つことは目立ったのでしょう。そんなことで「自分の店にどうか」と思ってくださったようでした。

やってみよう――。僕も大した動機も迷いもなく、流れに乗るままにその誘いを受けることにしました。
昼間、文具の配達の仕事をして、夜学に行き、軟式野球部の練習に出て、その後の時間にスナックで働く。当時はまだ16歳でしたから、接客の仕事はできません。ですから、もっぱら僕は、暖簾《のれん》の奥でスルメを焼いたり、お皿を洗ったりということを続ける日々でした。

マスターがなぜ僕に声をかけてくれたのか、その理由は聞いたことがありませんが、この外見を見て、将来的には水商売のほうで育ててみようかなという思惑《おもわく》があったのかもしれません。改めて聞く機会がないままでしたから、今となっては知る由もありませんが、しかし、このマスターとの出会いが、その後の僕の人生を１８０度転換するきっかけになったのでした。

「お前は、モデルか何かになったほうがきっと稼げるよ」

そのスナックで働き始めてしばらくしたときのことです。マスター

が、

「お前は見てくれがいいから、モデルか何かになったほうが、稼げることは稼げるよ」

と、いきなり言い始めたのです。

「僕は博多のモデルクラブを知っているから、その気があるのなら、紹介してやるよ」

と。

モデルがどんなことをするのか、具体的には何も知りませんでしたし、それまで興味を持ったこともありませんでした。でも、「そちらのほうがお金になるのであればやりたい」と、単純にそう考えたのだと思います。マスターに頼んで、その博多のモデルクラブを紹介してもらったのです。

ところがいざそのモデルクラブに行ってみると、博多では女性モデルの需要はあっても、男性モデルの需要はほとんどなく、お金になら

ないと言われたのです。そこで今度はモデルクラブの人が、

「これは直接、東京に行ったほうがいいんじゃない？　紹介してあげるよ」

と、東京のモデルクラブに話を通してくれたのです。当時、大手の事務所として有名だった「セントラルファッション」というところでした。すると、すぐに先方から「カメラテストをするからいらっしゃい」と返事が来て、今度は急遽《きゅうきょ》、上京することになったのでした。

日帰りだったのか、それとも一泊ぐらいはしたのか、今となってはそれすらはっきりとは覚えていませんが、とにかく慌ただしく一人東京に行って、カメラテストを受けてきました。しかし、なかなか返事がこない。だいぶ時間が経って「ああ、もうこれは落ちたな」と半ば諦めていたところに、返事がありました。「東京にいらっしゃい」

無事、カメラテストに合格したのでした。

突然のホームシックの中で改めて決意したこと

そこからは急展開です。慌ただしく上京し、いよいよ東京でモデルとしての新しい生活がスタートしました。マスターに街で声をかけられてからここまで、あれよあれよという間の展開に、僕自身が一番驚いていました。何がこれから起きようとしているのだろう。そんな漠然とした不安ももちろんありました。

それでも、運命の流れに身を任せて「やってみよう」と決めた一番の理由は、この仕事が、ほかの仕事に比べて格段に収入がよいということでした。当時、会社員として就職したときの僕の月給は1万9000円。でも、モデルは5万円でした。ほかに青山のアパートの家賃の3万いくらかも事務所持ちだったのです。これは大きかった。もう有頂天になりましたね。

でも、上京した当初は本当につらかった。上京したその日は、まだアパートに布団が届いていなかったので、2泊ほどプロダクションが用意してくれた旅館に泊まったのですが、突然ものすごいホームシックになってしまったのです。あれほど息苦しさを感じた小倉での生活なのに、いざ故郷を離れてみると寂しくて寂しくて、本気で帰ろうかと何度も思いました。でも、やはり生活のことを考えると、これほど恵まれた仕事はないというのもわかっていました。そう考えると「頑張るしかない。経済的に苦しい暮らしに戻ることだけは避けたい」の一念で、この与えられた運命の流れに乗ってみようと思ったのです。

東京には、実はその前年に一度来たことがありました。高校の軟式野球部の全国大会が神宮球場で行われ、僕は補欠ではありましたが出場していたのです。そのときは、1年後に、まさかこんなことになっているとは夢にも思いませんでしたが。

自分のところで働かせようと声をかけてくれたマスターが、なぜどんどん僕に広い世界を勧めてくれたのかわかりませんが、彼との出会いがなければ、僕は芸能界に入ることは絶対にありませんでした。そう考えると、この「出会い」の持つ意味には計り知れないものがあると思います。数々の「出会い」に恵まれてきた僕ではありますが、この「出会い」は、とりわけ不思議で、かつありがたいものだと、今なお感謝しているのです。

あんなに動けないモデル、連れてくるんじゃない！

モデルとしての仕事はスタートしましたが、なかなか慣れることができませんでした。モデルとしての基本的な歩き方、ウォーキングについてはレッスンがあったのですが、ポージングについては誰にも教えてもらう機会がないまま、いきなり現場に立つことになってしまったのです。

九州からいきなり大都会・東京に出てきただけでも「うわぁ、すげえな」と圧倒されているのに、一緒に仕事をするモデルさんたちも、当たり前ですが、トップクラスの美しい人ばかり。引け目を感じてドギマギせずにはいられませんでした。

しかも、僕の育った頃の小倉は、バンカラで荒っぽい土地柄として知られていたところです。男は硬派であることが良しとされていましたから、僕自身、学生時代も、女の子と軟派なことなどをしてきてはいませんでした。だから、「肩を組んで」だとか「手をつなげ」「ハグしろ」といきなり言われても、なかなか自然には動けない。マネージャーがスタッフから「あんなに動けないモデル、連れてくるんじゃない」と怒られたりする始末でした。

それに当時のカメラマンの怖いことと言ったら……。今は皆さんこちらに指示を出すときにも優しく言ってくださいますが、その頃は、怒鳴り飛ばしたり、荒っぽい言い方をしたりするような、とにかく怖い人が多かったのです。そういうカメラマンに怒りや反発を感じて素直に動けないときもありましたし、これは今もそういうところが僕にはあるのですが、体調によって、まったく気分が乗らず、仕事モードに入れずに動けなくなるときがあるのです。

その頃からの僕の同期の友達に、今も現役でモデルをやっているヤツがいます。彼などは本当のプロフェッショナル。どんな精神状態のときも、まったく崩さずにモデルとして動けるのですが、その意味では僕は全然ダメでした。彼ともう一人、一般の仕事をしている共通の友人がいて、この3人で当時から仲良くさせてもらっていて、今でもよく3人集まっては飲んだりしているのですが、その共通の友人に言わせると、彼と僕とではタイプがまるで正反対なのだそうです。僕も、ひょっとしたらモデルには向かないのかもしれないな……などと思いながら、それでも収入のことを考えると「ほかへは行けないぞ。ここでやっていくしかないんだ」と、もう一度決意を新たにすることの繰り返しでした。

資生堂「MG5」のコマーシャルとの運命的な出会い

当時、モデルの活躍の場としては、雑誌もたくさんありましたが、テレビのコマーシャルというジャンルも忘れてはならないものでした。おしゃれで気の利いた作品がいろいろと出始める中、圧倒的に群を抜いてセンスがよかったのが、資生堂のコマーシャルです。とりわけ、今は俳優となっておられる団時朗《だんじろう》さんが出演されていた男性化粧品「M

G5」のコマーシャルは、その洗練された内容で僕ら視聴者をぐいぐい引きつけてやまないものでした。まさにセンセーショナルな映像でした。

団さんが、白と黒のブチの犬を連れて緑の中を散歩する。あるいは街中を歩く。それだけでもう本当におしゃれでカッコよくて、今見てもまったく古びた印象がない、ハイクオリティな作品だったのです。僕もそのテイストにとても憧れました。

当時、その資生堂の「MG5」シリーズで、「団さんの弟分に当たるモデルを探している」との話がありました。しかし、僕が上京したときには、すでにオーディションが進んでしまっていて、その弟分を演じられる方も決定していたそうです。マネージャーにも「もうちょっと早く東京に来ていたらなあ」と残念がられたのですが、「何かほかのものでも使ってもらえるかもしれないから、一応顔見せに行くか」という話になり、当時、資生堂のコマーシャル制作を一手に引き受けていた日本天然色映画という広告制作プロダクションに挨拶へ行くことになったのです。

　そして、ここでもまた僕は運命的な「出会い」に恵まれることになるのです。ご挨拶に行ったところ、資生堂のコマーシャルのほとんどすべてを手がけている天才CMディレクター・杉山登志《とし》さんが、ちょうど会社にいらっしゃったのです。常にCM制作に追われて世界中を飛び回っている超多忙な方なので、一年のうち会社にいるのは数日。その方がその日に限って事務所にいらっしゃった。もはや奇跡というしかないでしょう。そして、地下にある小さなスタジオで、いきなり僕のカメラテストをしてくださることになったのです。

　そして2週間ぐらい経った頃でしょうか、マネージャーがひどく興奮しながら、

「お前に決まったぞー！」

と、伝えてくれました。

「あ、何かに使っていただけることに決まったんですか?」

と聞くと、何をとぼけたこと言っているんだ、という顔でマネージャーは言ったのです。

「MG5の弟分の役に決まったんだよ!」

これは嬉しかったですね。僕がカメラテストをしていただいた時点では、その役はほかの方に決まっていたのですが、杉山さんが何かを感じてくださったのでしょうか、僕で行こうということに急遽変更されたようでした。

相手を驚かせるような
ギャップを演じてみたい

そのカメラテストのことを、僕は今でもよく覚えています。というのも、ちょっと変なことをやったという記憶があるからです。

バス停があってバスを待つ人の列があるというシチュエーション。僕は最後尾に並んでいるという設定でした。

そこで「何かやれ」って言われたのです。僕の前には女性が並んでいる。「さて、どうするか……」そこで僕は、自分の前に立っている女性のスカートをチラッとめくったんです。何か印象に残ることをやらなければ……という切羽詰《せっぱつ》まった思いから「これだ！」と思ったのでしょう。女性には大変失礼なことをしたと申し訳なく思うのですが、その行動が「こいつ面白いヤツだなあ」と、先方の目に留まったのではないでしょうか。

おそらく僕のような風貌で、そのまま何もしないで立っていたら、予想どおりというか、見てくれが良いだけであまり印象には残らないのだと思うんです。そこで予想を大きく裏切るような「変な」ことをしなければ……、そう考えたのでしょう。スギ（杉山）さんも、その意外性を買ってくれたのかもしれません。

モデルとして「ハグしろ」とか「手をつなげ」とか指示のとおりに動くのは苦手な僕でしたが、自分で考えて何かやってみろというディレクションには、面白さを感じました。

「相手を驚かせるようなことをやってみたい」「意外なギャップを出してみたい」といった想いは、常に僕の中にあったような気がします。そして、それは今の役者の仕事にもつながっているのかもしれません。何が採用のポイントになったのかは聞きませんでしたから、あくまでも僕の自己分析ですが、このCM出演が決まったことは、次なるステージへの大きな第一歩になりました。

とにかく嬉しかった。思わず「これは全国放送ですか？」と聞いてしまいました。故郷の母に何とか活躍を見てもらって、安心させたい。その思いがありましたから。

もちろんCMは全国放送です。しかも、非常に斬新で、「ＭＧ５」そのものの宣伝というよりは、あくまでも「弟分の紹介」を主眼に作られているものでした。街中の通りで、団時朗さんが、僕より若いもう一人の青年とこちらに背を向けて立っている。そこへ奥のほうから僕が走ってきて合流するという内容なのですが、団さんが「今度、僕らの新しい仲間になった草刈正雄くんです」と紹介すると、僕の顔がアップになって、少し照れくさそうに「よろしく」と挨拶する。そしてもう一人の青年の紹介も入り、最後に「フレッシュな仲間が加わる『MG5』。これからもよろしく」というナレーションで終わる。なんともシンプルですが、実におしゃれな作品でした。

考えてみれば贅沢《ぜいたく》なCMですよね。まったく無名の新人モデルが自己紹介して終わるだけの内容。今だったら考えられませんが、このお陰で僕は、一躍全国に名前を知られることになったのです。

CMについて「ヒット」というのもおかしな話ですが、しかしそのCMは世間で大変な話題を呼び、「あれに出ているヤツは誰だ」という問い合わせが、次々に殺到したのだそうです。「セブンティーン」など若い女の子向けの雑誌からインタビューの依頼もかなり入るようになり、そうこうしているうちに、事務所のほうに「レコードを出してみないか」「ドラマに出てみないか」という話も持ちかけられるようになりました。

急に自分の身辺が騒がしくなったことについて、当時どのような気持ちでいたのか、詳しくはもう思い出せないのですが、道ですれ違った人に「あれ、あの人資生堂のＣＭに出ている人だよ」と言われたりすることはよくあって、そのときにはいい気持ちはしていたのだと思います。

けれども、もっとも「人気」というものを実感したのは、全国の資生堂の販売会社で、僕のサイン会を行ったときです。当時、全国に資生堂の販売会社があって、僕はその売り場でサイン会を行ったのですが、どの会場にも、若い人たちが、自分の予想よりもはるかに大勢集まり、キャーキャー言ってくれていました。それを見て、改めてこのＣＭの威力を実感したものです。

小倉のスナックのマスター、そして杉山登志さんとの出会い。僕の人生には、自分でも驚くぐらい「ここぞ」というタイミングで、天から与えられたとしか思えないような「出会い」があり、それによって大きく運命が切り拓《ひら》かれてきました。ここまで来たら前に進むしかありませんね。

僕は生来、どうにもネガティブな性格なので「これでやっていける」と心から安心したことは、当時も今も一度としてありませんが、運命の流れに背中を押されるように、否応なく次のステージへと踏み出すことになったのでした。

悪夢のような人身事故……
闇の中で射した一条の光

資生堂のＣＭデビューから3年、名前も知られるようになり、すべてが順調に運び始めていた１９７3年7月のことでした。買ったばかりの車で友達と長野県軽井沢にドライブに行った帰り道、群馬県高崎市内の国道で人身事故を起こしてしまったのです。

事故の原因は僕の前方不注意、本当に申し訳ないことをしました。相手は50代の保険外交員の女性です。すぐに病院に搬送されたのですが、容体は予断を許さない状態でした。そこの医師に「悪いけれども、覚悟していてくれ」と告げられたときは、目の前が真っ暗になりました。自分のしでかしてしまったことの重大さにただただ恐ろしくなり、奈落の底に落とされた気分でした。

2台の車で行ったので、友達も警察で事情聴取を受けたのですが、それを終えて、僕が待機している病院の部屋に戻ってきたときに目にした僕の顔が、とても硬く強張《こわば》っていたのだそうです。

「あのときのお前の顔は怖かったなぁ。恐ろしかったなぁ」

と今でも言われるのですが、おそらく生きた心地がしなかったのだと思います。

しかし、そんな僕の肩を彼は抱いてくれて、

「神がお前を見放すわけがない」

と、まるで映画のような台詞《せりふ》を言ってくれました。それでなんとか少しずつ落ち着いてきたのを覚えています。ヤツが一緒にいてくれて、どれだけありがたかったかわかりません。

その後、今度は二人で警察に出向き、改めて事情聴取を受けました。その最中に病院から電話がかかってきたのです。その電話は「患者の女性がより設備の整った大きな病院に移送されたこと」と、さらに「一

命をとりとめた」ことを知らせるものでした。本当にほっとしました。その場で友達と飛び上がって、涙を流しながら抱き合いました。今でもあのときの張りつめた緊張がほどけたときの、重だるいような感覚を思い出します。

安堵《あんど》した僕は東京に帰りました。そして、仕事をする日常に戻ったのですが、どうしても……事故に遭わせてしまった女性の容体が気にかかって仕方ありません。一命をとりとめたといっても、脳挫傷《のうざしょう》で全治3カ月という診断でしたし、半身麻痺もありました。後遺症が残る可能性も否定できないと聞いていたのです。当時、僕は『トリプル捜査線』というドラマに新米刑事役で出演中で、何日か撮影に参加したのですが、撮影現場に体は入っていても、心ここにあらず、まったく仕事が手につかない状態になってしまいました。

とにかく僕は生まれつき気が小さい。人間が弱いのだと思います。

ですから、あれだけの大それた事故を引き起こしておきながら、パッと切り替えて、何もなかったかのように演技に集中することなんて、とてもできませんでした。「こんな状態ではとてもこの先撮影に参加はできない」と思い、事務所とプロデューサーに「降ろさせてほしい」と申し出て、了承してもらいました。そして高崎の病院の近くに家賃7000円のアパートを借りて居を移し、そこから毎日その女性の病室を訪ねる生活を始めたのです。

とにかく、病室の近くにいて毎日お見舞いに行く。「よくそこまでしましたね」などと言っていただくことがあるのですが、そういうことではありません。そうすることで僕自身が安心したかった。どうしようもなく気の小さい僕は、そうしていないと自分が落ち着かなかった。もちろん、心からのお詫《わ》びの気持ちはあります。だからこそ毎日お見舞いに行くのですが、少しずつ快方に向かうお顔を拝顔して、何とか安心したい、そう思っていました。

そうした生活を続けながら、事務所とも今後のことを話し合いましたが、

「こんな事故を起こしてしまった以上、もう仕事も来ないだろう。小倉に帰ったほうがいいんじゃないだろうか」

という話になりました。僕もほぼそのつもりで、すべてを諦めて「小倉に帰ろう」、そんな気持ちで毎日を過ごしていました。

しかし、そんなときに、ある週刊誌の方がこの一連のことを知って取材してくださったのです。そして「美談」として記事にしてくださった。そうしたところ、今度はその記事をたまたまご覧になった映画監督の篠田正浩《しのだまさひろ》さんが、ご自身の映画の中で「この子、使おう」と言って、僕に声をかけてくださったのです。またしても僕は「出会い」に救われたのです。

映画は、非商業主義の芸術性の高い作品を作ることで知られた映画会社ATGの『卑弥呼』という作品でした。主演の岩下志麻《いわしたしま》さん演じ

る卑弥呼の弟役を探していたようで、そのときに週刊誌の記事が監督の目に留まって「この子を使おう」という話になったということでした。僕は直接それを監督に伺ったわけではないのですが、間接的に伝え聞くことがあって、そのご縁に、ただただ感謝するばかりでした。

高崎での暮らしが2カ月経った頃には、怪我をさせてしまった女性も徐々に回復していき、ご家族からも、「東京に戻ってお仕事をしてください」というお言葉をいただきました。

自分の過失によって絶望の淵に立ち、闇の深さに打ちひしがれていた僕でしたが、射し込んできた一条の光を頼りに、ゼロからのスタートのつもりで役者の仕事を再開することにしたのです。

俳優としての面白みに目覚める。名監督たちと仕事をともに

『卑弥呼』は、現実社会の話ではなく、邪馬台国を舞台とした芸術性の高い作品でしたから、非常に難しかった記憶があります。

台本を読んでも、使われている言葉も難しいですから一回では理解できず、何度も頭を悩ませました。そんなふうですから、撮影でも怒られっぱなし。撮影していた時期は冬場だったと思うのですが、とにかく寒くて、寒いのと理解しきれていないで演じているのと、両方のつらさの中で、自分としては消化できないまま終わってしまったのが少々悔やまれました。

しかし、またこうして役者として仕事ができる機会を与えていただいたことについては、感謝してもしきれないくらいでした。

ただ、そうして篠田監督がお声がけくださった作品が終わってみると、また仕事の予定が何もない状態になってしまいました。マネージャーと「これからどうしようか」と話をしていると、これもまた「出会い」のありがたさを痛感する話なのですが、東宝映画『神田川』で、主演の関根《せきね》（現・高橋）恵子《けいこ》さんの相手役を探しているという話が舞い込んできました。しかも、岩下志麻さんのマネージャーさんが、「草刈くんっていうのがいるけど、どう？」と、その役に私を推《お》してくださったというのです。

『神田川』は、当時、南こうせつとかぐや姫が歌っていた同名の大ヒット曲の世界を映画化した作品で、作詞の喜多条忠《きたじょうまこと》さんが小説も書かれていて、それを元に作られたものでした。監督は出目昌伸《でめまさのぶ》さん。今でも僕らと同世代の人たちや関根さんのファンの方々には、とても人気の高い作品だと聞いています。映画も全盛期を過ぎて、少し寂しくなっていた頃ですから、そんなふうに覚えていて愛していただけているのはありがたいことですね。

東宝には、それがきっかけで、何本か出演させていただきました。出目監督にも『神田川』がご縁で、同じ年の『沖田総司』でも主役で再び使っていただいて、これも嬉しいことでしたね。同作では製作者協会賞新人賞を受賞、翌年には、エランドール賞新人賞も受賞することができました。

モデルでは苦労した僕でしたが、ようやく役者としての面白さに目覚め、新たな作品にどんどん挑戦していく意欲が湧いてきたのでした。岡本喜八《おかもときはち》監督の『青葉繁れる』、神代辰巳《くましろたつみ》監督の『櫛《くし》の火』、今井正《いまいただし》監督の『あにいもうと』、市川崑《いちかわこん》監督の『火の鳥』『病院坂の首縊《くく》りの家』など、少し振り返っただけでも、名だたる監督たちと次々と仕事をご一緒できた貴重な時期です。

そして、75年には、なんとこの僕が「三代目若大将」に起用されたのです。実は僕、子どもの頃から「若大将シリーズ」の熱烈なファンだったのです。ですから、自分がこの伝統ある人気作品の主役に選ばれたことは本当に誇らしかったですね。

あの頃の映画の現場には、まだ職人的なスタッフがたくさんいらっしゃいましたから、けっこうみんな激しかったのを覚えています。監督は、どの方も割とこちらの自由にやらせてくださったという印象が強いのですが、周りのスタッフの方たち、職人気質《かたぎ》のプロフェッショナルの大人たちが怖かったということが記憶に残っています。

照明さんや大道具さん、そうした人たちにとにかく僕なんかは怒られる。気が小さい僕としては、そうした雰囲気に萎縮《いしゅく》してしまうんです。そうすると芝居に集中するどころではなくなってくる。怒鳴られたり叱られたりするのは嫌だから、何ももめごとを起こさないよう、緊張しながら芝居をしていたという印象が強いですね。

でも、そんな中、たまにムードメーカー的な存在で、周りを笑わせたり、空気を和《なご》やかにしてくれたりする人もいるんです。そうした方の存在は本当にありがたかったですね。大概、ひとつのチームに一人はそうした方がいらっしゃって、場を和ませてくれたものでした。いろいろな意味で、まだ映画の現場が特別な雰囲気を残していた時代だったと言えるかもしれません。20代をそうしたところで鍛えていただけたのは、今にして思えばこれほど幸せなことはなかったと思います。これもまた、奇跡のように恵まれた「出会い」の積み重ねでした。

テレビドラマにも出演、忘れられない苦い思い出

一方、テレビからも、次第に声をかけていただけるようになってきました。76年には、ついにNHKの大河ドラマ『風と雲と虹と』に出演。海音寺潮五郎《かいおんじちょうごろう》さんの小説が原作で、平安中期、ほぼ同時期に朝廷に対

して叛乱を起こした平将門《たいらのまさかど》と藤原純友《ふじわらのすみとも》の生涯を描いたドラマでした。平将門役を加藤剛《かとうごう》さん、藤原純友役を緒形拳《おがたけん》さんが演じられるという豪華さ。僕の役どころは、将門の側近・鹿島玄明《かしまはるあき》役でした。やはり大河ドラマに出演を果たせたということについては、格別な気持ちがありました。ひとつ何かを達成できたような満足感も得られたような気がします。

20代半ばに差しかかり、演じることの喜びがどんどんわかってきて充実感を感じ始めるとともに、名だたる監督の作品、大きな話題作などに起用されることが続くと、役者として認められているという手応えも出てくる。いわゆる「脂の乗った時期」に入って、この頃の僕はどんどん自信をつけていきました。

テレビといえば、もうひとつ忘れられない作品があります。忘れられないといっても、少々苦い思い出なのですが……。それは77年に東宝が製作してフジテレビ系列で放送された刑事ドラマ『華麗なる刑事』です。田中邦衛《たなかくにえ》さんとの共演でした。新宿や渋谷などを管轄する「南口署」を舞台に、ロサンゼルス帰りの刑事と、鹿児島出身の刑事がコンビを組んで事件を解決していくというアクションドラマ。僕が演じたのはロサンゼルス帰りのほうの刑事でした。本来であれば、この僕の役柄と、田中さん演じる鹿児島出身の刑事との対比を視聴者には楽しんでもらわなければいけない作品です。ところが田中さんの演技に憧れていた僕は、自分の役柄も忘れてどんどんどんどん田中さん寄りのキャラクターになっていってしまった。きっとこれにはスタッフも苦々しい思いでいたのではないかと思うのですが、とにかく僕は田中さんのようなクセのある演技にどうしても惹《ひ》かれて、そちらに寄っていってしまうのです。

本来であれば、台本を読み込んで、台本に描かれたキャラクターをいかに自分のものにするか、それを突き詰めるのが役者でしょう。ところが、この頃の僕は少し勘違いしていて、とにかく田中さんの役柄が、自分の役柄よりもずっと面白い、やりがいのあるものに見えてしようがなかった。今思い出すと恥ずかしい限りなのですが、その頃の僕は、少し調子づき始めていたのかもしれませんね。

ちなみに、このドラマに女性警官役で出演していたのが、当時モデルとして活躍していて、のちに僕の妻となる人でした。僕は一目見て「タイプだ」と思ったのですが、あちらが抱いた僕への第一印象は最悪だったのだそうです。彼女いわく「とにかくものすごく偉そうで、こんな人絶対いやだ」と思ったのだとか（笑）。確かにその頃の僕は、仕事も順調で、知らず知らずのうちに肩で風を切って歩いていたようなところがあったのだと思います。

資生堂のＣＭでデビューしたのが１９７０年。高崎での事故で、一時期、不安を覚えたことはあったものの、その後はとにかく周りの方々や素晴らしい出会いにも恵まれトップをひた走ってきた70年代でした。

そして、80年代に入って最初の映画が角川映画の大作『復活の日』だったのです。

超大作『復活の日』に出演、半年以上の海外ロケへ

その頃、映画界で急速に成長して存在感を示していたのが、角川書店社長・角川春樹《かどかわはるき》氏が猛烈な勢いで牽引《けんいん》する角川映画でした。『犬神家の一族』『人間の証明』『野性の証明』など、自社の書籍と映画の両方を売るという商法が当たって、70年代後半の映画界をあっという間に席捲《せっけん》したのでした。そんな絶頂期の角川映画が8本目の作品として打ち出したのが、小松左京《こまつさきょう》さんが64年に発表したSF小説を原作とした『復活の日』だったのです。

生物兵器の開発過程で発生した猛毒の新型ウイルスと核ミサイルの

脅威によって、地球上の全人類が死滅しようとする中、南極基地で生き延びようとする人間たちのドラマを描いたもので、アメリカ大陸横断ロケや南極ロケを敢行するなど、総製作費25億円（32億円という説も）をかけたスケールの大きな作品でした。

この作品の主役を僕に、というオファーをいただいたのは、公開の80年からさかのぼること2年前の秋。今をときめく角川映画の、しかもそれだけの規模の超大作。「うわぁ……！」と、声にもならない声を出して興奮したことを覚えています。

メガホンをとったのは深作欣二《ふかさくきんじ》監督。深作監督の下《もと》、日本人スタッフと、カナダ人の混成チームが集められ、キャストも、ジョージ・ケネディやオリビア・ハッセーなど、さまざまな国籍の役者たちが参加して実に国際的な顔ぶれになったのです。撮影現場は英語が飛び交い、南極ロケだけで40日間、6億円もかけるような、今では考えられない贅沢《ぜいたく》な撮影環境でした。あの当時、南極は、今以上に行くのが難しいところだったので、それだけでびっくりしたものでした。

結局、南極も含めて海外のロケに半年以上かけて行ったわけですが、さまざまな国籍のキャスト、スタッフがいるため、その途中はコミュニケーションがうまくいかずに関係がギクシャクしたこともたびたびありました。互いの労働環境の違い、撮影の進め方の違いなどを擦り合わせるのも大変でした。日本からは俳優として夏八木勲《なつやぎいさお》さんや渡瀬恒彦《わたせつねひこ》さん、千葉真一《ちばしんいち》さん、僕などが参加していましたが、非常にハードな撮影だったという記憶があります。

まだ27歳の若かった僕にとっては、外国の仕事の進め方というものの洗礼を受ける機会ともなって、かなりのカルチャーショックを受けたことも確かでした。たとえば、欧米は役者にも組合があって、「労働者」としての権利がきちんと守られている。労働時間ひとつとっても必ず順守して、「残業」はしないのです。夕方5時までと労働時間が決められていたら、5時ピッタリに終わる。あと1時間頑張れば残りのシーンを撮り切れるのに、というような状況であっても、きっちり5時には終業。1分たりとも残業はしません。日本の、特に映画業界の人間というのは、そういう意識は特に低いところでしたから、海外スタッフの行動に「おいおいおい、ちょっと待てよ。もうちょっとで終わるんだから」となる。僕も日本の映画業界で育って、それが当たり前の生活をしていたのですが、いざ向こうのやり方を知ってしまうと、それは大きな衝撃となりました。

今思えば、どちらがよくて、どちらが悪くて……という単純に比較できることではないと理解はできるのですが、まだ20代の僕にとっては、そうした違いのすべてが新鮮に思えたのでしょう。たとえば、撮影現場から宿泊先に帰るときに向こうの役者さんの車に乗せてもらうことなどがあると、道々その役者さんから「映画というのはこういうものでね」なんていう話を、じっくり聞かせていただくわけです。そうすると感動して泣いてしまうこともありました。当時の僕にとっては、その一つひとつが刺激的だったのです。

結局、映画は興行収入25億円の大ヒットを記録、過酷な撮影や超大作の主役としてのプレッシャーなど、乗り越えるべきもの、背負うものがたくさんありましたが、僕にとっては生涯忘れられない、かけがえのない大事な作品になりました。

しかしその一方で、それほどの大きな経験であったがゆえの「反動」もありました。この『復活の日』の撮影を終えて帰国してからしばらく、僕は何もできなくなってしまったのです。撮影現場で体験したことが、なかなか自分の中で消化できなくて、どんな仕事も手につかなくなってしまった。向こうのシステムを羨《うらや》ましく思うところもありましたし、大勢の著名なスタッフやキャストと共演して、自分がこの仕事をきちんとできていたのだろうかと反芻《はんすう》することもありました。

何も手につかない時期がそれからどれくらい続いたでしょうか。その時期は、「こういう仕事をした」という記憶がほとんどないので、かなり減らしていたのか、やっていたとしても集中できていなかったのだと思います。それぐらい『復活の日』によって受けたカルチャーショックは大きなものでした。

『汚れた英雄』の主役に。忍び寄る試練の影……

そんな僕自身の思いとは裏腹に、80年代も、大作への出演が続きました。『復活の日』のあとは、81年公開の今村昌平《いまむらしょうへい》監督作品『ええじゃないか』に出演、そして、2年後には再び角川春樹さんからご連絡をいただきました。

「『汚れた英雄』という作品を撮るんだけど、やる気はあるか」

というお声がけでした。『汚れた英雄』は、大藪春彦《おおやぶはるひこ》さんが66年から

69年にかけて発表した小説。天性の才能を持つ二輪レーサーが、生まれ持ったルックスによって上流階級の女性を次々にパトロンにしてのし上がっていく……というストーリー。僕はその原作も読んでいて、以前からとてもやりたい役だったので、二つ返事で、

「はい、やらせてください」

とお返事したところ、

「お前が監督を決めていいよ。誰とやりたい？」

と角川さんが言うのです。これには驚いてしまいました。しかし彼は本気で言ってくださっている。そこで僕は、TBSのディレクターで大好きな方がいらっしゃったので、その方にお願いしたいと提案しました。しかし、結局スケジュール的にどうしても都合が合わず、その案は流れてしまったのですが……。

さあ、じゃあ誰に頼もう、探さなければ……と、代案をいろいろと検討していく中で、ある日角川さんが「俺がやろう」と言い始めたの

です。最初は唐突な印象が拭《ぬぐ》えませんでしたが、話が進んでいくと「ああ、それもいいかもしれないね」という雰囲気になってきた。こうして角川春樹監督が誕生し、その下で『汚れた英雄』の撮影が始まったのでした。

70年代を駆け抜けて、80年代に入り、僕も30代を迎えていました。資生堂CMから始まって一気に注目を浴びることとなり、役者としても思いがけないほど恵まれた環境で、大きな仕事を次々こなしていった10年間。20代後半には僕はかなりの自信を持つようになっていました。このまま絶頂期がいつまでも続くと思っていたのですが、人生そうは甘くありません。これからますます勢いづいていくと思われた役者人生にも、試練が訪れたのでした。

CHAPTER 2

転機

役者人生Part2

舞台への挑戦から
『真田丸』そして
『なつぞら』へ

知らず知らずのうちに天狗になっていたあの頃

デビューから幸運に恵まれ、一気にスターダムに駆け上がった僕は、いつしかその状況に慣れきってしまっていました。

根は気が弱くて「こんなのがいつまでも続くわけがない」とすぐに思ってしまうネガティブな性格です。本来であれば、自信を持つどころか取り越し苦労ばかりするタイプ。

モデル出身で、劇団に所属した経験があるわけでもなく、その意味では役者としての基礎もない。実際、何かにつけて芝居を本格的に学んだ人と我が身を比べては、常にコンプレックスに苛《さいな》まれていました。もちろん実際の現場で場数を踏むことによって自分なりに経験を積み、努力はしてきたつもりですが「このまま行けるのかどうか……」という不安は、いつも抱えていました。

そんなモヤモヤしたものを抱えながらも、一方ではあまりに華やかに人生が開け、仕事も順調に進んでいくので、徐々に自信がそこはかとない不安に勝《まさ》り、勘違いをしていったのだと思います。

いつしか自分でも気づかぬうちに、周りに対して不遜《ふそん》な態度をとるようになっていったのでした。

まだ20代の若造のくせに、監督や演出家に対しても、彼らのやり方に従うのではなく「こうしたほうがいい」と、自分が思ったことをどんどん提案して主張する。それが採用されたりするものですから、余計にいい気になっていきました。

スタッフの中には当然面白く思わなかった人もいたでしょう。でも、僕は周りが見えなくなっていきました。知らず知らずのうちに天狗になっていきました。当時出会ったばかりの妻が僕に対して「なんて威張った人なんだろう」と悪い印象を持ったというのも、今となれば頷《うなず》けます。
その頃の僕は、勢いに任せて調子に乗って、相当思い違いをしていたのです。

主役から二番手、三番手、……カメラが自分の正面で止まらない

仕事に対しても、始めた頃のように純粋な気持ちで臨めなくなって、つい色気を出したり余計なことを考えたりするようになりました。そうすると、すべてがうまく行かなくなってくる。自分を取り巻く空気すべてがよくない方向に向かっていくのです。そして、ひとつの現場でよくない評判が立つと、業界で噂が広まるのはあっという間です。見る見るうちに、仕事がなくなっていきました。

これまで主役をやらせていただいたのが、二番手になり三番手になり、

四番手、五番手に下がっていく……。

撮影のときに、今まで向こうからスーッと寄ってきて自分の正面で止まっていたカメラが、スッと横に逸れてピントが別のところに合うのです。それを肌で感じるのは、さすがにつらいものがありました。

僕の場合は上昇と下降の振れ幅が激しくて、一度頂点を知った後の急激などん底でしたから、余計にすべてがこたえました。

そういうときの寂しさといったらありません。特に体調の悪さが重なったりすると、もう寂しくて寂しくてたまらない。坂道を転げ落ちるように気持ちが腐っていきます。その頃はやけになって、よく悪い酒を飲んだものでした。

何があってもこの仕事は辞めない！
舞台という未知の世界への挑戦

けれども、そんなときでもひとつだけ僕が堅く心に決めていたことがあります。

それは、何があってもこの仕事だけは辞めないということ。どんなにつらくても惨めでも、最後までこの仕事にかじりついていくということでした。それは、やはり幼い頃の貧しさがほとほと身に沁《し》みていたからです。もうあの生活には戻りたくない。何があっても絶対に戻らない。それだけは自分の中で譲れない一線でした。

それに、このときの僕にほかにできることがあるとも思えませんでした。まず学歴がないので、それを要求されるような仕事には就けない。かといってお店を経営する才覚もないだろうし、タクシーの運転手もきっとできない。過去のアルバイトの経験を振り返ると、いったん始めれば根気がないわけではありません。新聞配達も3年間やり遂げましたし、どの道に進んでもそれなりに続くとは思います。

けれども、やはり自分が一番稼げる、向いているのは芸能界だろう、そうとしか考えられませんでした。経済的な苦労はもう絶対したくない。だとしたら、自分が一番稼げるところの、どんなに末端でもいいから食らいついていこう、それが自分で出した結論だったのです。

主役の仕事が激減し、二番手、三番手に甘んじていたところから、やがて映像の仕事の依頼そのものが目減りしていくのが実感としてわかりました。この先どうやっていくのか。なんとかしたいと思うものの、この仕事はオファーが来なければ、こちらからは動きようがありません。

ところが先が見えずに漠然とした不安に苛まれていたときに、またしても「天の助け」としか言いようのない、思わぬ「出会い」に恵まれました。『鹿鳴館物語《ろくめいかんものがたり》』というスペシャルドラマで相手役をやらせていただいた女優の若尾文子《わかおあやこ》さんから、「あなた、舞台をやったらいいんじゃないの？　タッパもあるし」と言われたのです。

舞台――。それまで考えたこともありませんでした。いやいや、それは自分にはとても無理だと思いました。なので、

「いやぁ、舞台なんて、なんの芝居の勉強もしていないのに怖いですよ」

と言うと、若尾さんは、

「大丈夫よ」

と言って熱心に勧めてくださる。そのときに若尾さんが僕の状況をご存じだったかどうかはわかりません。けれども、尻込みする僕に、かなり熱心に言ってくださったのです。

そうこうしているうちに、松竹の方が僕のところへ見えました。若尾さんが口を利いてくださったのかどうか、それはわかりませんが、

とにかく突然いらっしゃって、「こういう舞台を今度やるのですが、ご出演されませんか」とお声がけくださったのです。『ドラキュラ その愛』という作品でした。

舞台に感じた楽しさとシンクロするマドンナの「ライク・ア・ヴァージン」

若尾さんの勧めもあり、松竹さんの熱心な口説きを聞いているうちに、僕も次第にその気になっていきました。そしてとうとうやることに決めたのです。84年12月4日、日比谷の日生劇場でついに初舞台を踏みました。共演は紺野美沙子《こんのみさこ》さん、彼女も初舞台でした。

あれほど恐れていた舞台でしたが、いざ始まってみるとこれがけっこう楽しかった。「あれ、僕は人前でパフォーマンスをするのが好きなのかな」と思えてきたほどでした。まあ、このドラキュラ伯爵の役が、たまたま台詞がそれほど多くなかったというのも幸いしたのかもしれませんが、毎日、違うお客様の前で、生でお芝居をすることの醍醐味《だいごみ》が、回を重ねるごとにわかってきたのです。非常に近い距離で拍手をもらえたり、笑ってもらったり、初めて経験することばかりでしたが、手応えがあって、映像では決して味わえないライブのリアクションというものが、非常に刺激的に感じられました。舞台をやってよかったなと心から思いました。

何より、3時間もの長丁場《ながちょうば》です。そこそこの量の台詞を喋《しゃべ》って、NG&カットなしで進みます。その緊張感の中で何とかやりおおせたということに、達成感、満足感を感じることができました。それまでは稽古も嫌いでしたが、舞台になると好きだろうが嫌いだろうが、1カ月間はみっちり稽古をせざるを得ません。そんな経験をするうちに、芝居についての勉強も自然と深まっていきました。芝居を掘り下げていくことが、とても楽しくなってきたのです。

そうすると芝居の勉強をしたことがないというコンプレックスも徐々に払拭《ふっしょく》され、いい意味での自信につながっていったのです。新たな世界が開けたことも気持ちを明るくしてくれました。

若尾さんには、本当に感謝してもしきれません。僕はつくづく「出会い」に恵まれ「出会い」に救われる人生だなあと、このときも、心からありがたく思ったことでした。

そう言えば、この舞台に立っていた頃、街中ではマドンナの「ライク・ア・ヴァージン」がよくかかっていたことを覚えています。音楽というのは、不思議なことに思い出としっかり結びついているものですね。新たな分野に踏み出して気持ちが上向きになった、そのときの気持ちとあのヒット曲の調子がどこかで結びついて思い出されるのかもしれません。そこからは、舞台の仕事がだんだん増えていきました。

大好きな番組『美の壺』を谷啓さんから引き継ぐ

30代、40代は仕事の中心が舞台になっていきました。年間、大体2本ぐらいを入れて、それを中心にスケジュールを組み立てる生活です。ちょうど世の中がバブルに向かう頃で、今よりもさまざまな舞台が、次から次へと企画され、あちらこちらに劇場が建ち、そのどこかでいつも華やかな作品がかかっている、そんな時代でした。それを思うと、僕が舞台に進出できたのは、非常に恵まれた時期だったのかもしれません。とにかく面白い作品がいろいろありましたから。

しかし、僕はもともと怠け者ですから、舞台用に生活を整えていくことは大変でもありました。体調のことはもちろん、台詞も常に膨大な量を入れなければいけません。気の合う演出家ばかりでもありませんから、長期間にわたって関わるのが正直苦痛なときもあります。厄介だなと思う作品も数々ありました。

でも、「自分はこの道で絶対食っていくんだ」という決意は常に揺るぎなくありましたし、いったん引き受けたものは、どんなことがあってもやり通さなければいけません。

何しろこちらは、一度、どん底を見た身。いただいた仕事を謙虚に一つひとつ大事に演じていこうという気持ちでした。

そんな中、僕にとってライフワークともなる、また新たな仕事との出会いがありました。それが、今も放送が続くBSプレミアム『美の壺』（毎週金曜・夜7時30分～）です。これは2006年4月から始まった教養番組で、初代の案内役は谷啓《たにけい》さんでした。毎回、陶器、家具、着物、料理、建築、美術、動植物などなど、私たちの暮らしの「美」を彩るものの中からひとつのテーマを取り上げて、その鑑賞法や、味わう際の「ツボ」を探るという内容。旧家の当主として登場する谷さんと、壺の中の声というナレーションとで、ちょっとしたドラマ仕立てでコミカルに教えてくれるという演出が、とっても小粋でしゃれていました。実は、一視聴者としてとっても楽しみに見ていた番組でもありました。

それが、谷さんが退かれることとなり、そのあとを僕にというお話をいただいたのです。番組が始まって3年が経とうという頃でした。大好きな番組でしたから嬉しかったですね。すぐにお引き受けして、2009年4月から2代目の案内役として出演することになりました。

谷さんは旧家の主《あるじ》という役柄でしたが、僕はその甥という設定。洋館に住んでいて、谷家の壺を譲り受けるということになっていました。谷さんは、翌年の2010年に残念ながらお亡くなりになりましたが、あのおしゃれな精神を受け継ぎながら、僕なりの味も出しつつ今も取り組んでいるところです。

谷さんが3年なさって、僕が受け継いでからもう10年が過ぎました。早いものだなあと感慨深いです。

この番組は、独特の「間《ま》」であるとか、センス、雰囲気作りというものも重要で、実はがっぷり四つに組むには、なかなか手強《てごわ》いものでもあるのです。

演技というものは、「これでいい」と止まってしまうと、途端にすり減っていってしまいます。常に「どういうふうに演じるか」ということを練っていないと、どんどんしぼんでいってしまうものなのですが、その点、この『美の壺』ではいろいろなことをやらせていただけるので、非常に鍛えられるのです。

たまに「こんなことまでやらせるか!?」と思うような台本《ホン》もあるのですが(笑)、でも、そういうものもやらないと役者としては成長していけない。その意味では、毎回「課題」が与えられて、とても有意義なのです。

しかも、後から「あれ面白かったんじゃない？」と気がつくことがいっぱいあります。知らないうちにいろいろと大事なものをいただいているんですね。ああいうレギュラー番組をやらせていただけているということは、本当にありがたいこと。これからもずっと大事にしていきたい僕の宝物だと思っています。

幸い、ファンの皆さんにも、視聴者の方々にも可愛がっていただいているようですので、この先も、僕の足腰が立たなくなるまで、末永く続けていかれたらいいですね。

三谷幸喜さんとの運命の出会い。「下町の理髪店の親父」を楽しんで

年間1～2本の舞台をやりながら、映像ではいただく脇役を真摯に

演じつつ、『美の壺』を大事にやっていく。このまま、このペース、このポジションを安定して維持できていければ「なんの不満もない」「これ以上の高望みをしてはいけない」というのが、40代後半から50代にかけての僕の偽らざる心境でした。

しかし、神様というのは、どんなことを計画しているかわからないものですね。なんと、60を過ぎてから、あの脚本家の三谷幸喜《みたにこうき》さんから舞台出演のオファーが来たのです。

2014年8〜9月に上演の『君となら』という喜劇で、95年に初演、97年に再演された作品の再々演でした。前回とキャストを一新、主演に竹内結子《たけうちゆうこ》さん、その妹役にイモトアヤコさんという顔ぶれでした。

実は制作サイドからお話をいただいたとき、もうすでに僕には1年で2本の舞台出演が決まっていました。覚える台詞の量や準備のことを考えても、もう1本入れるのは難しい……。

三谷さんの作品には以前一度、あの人気ドラマ『古畑任三郎《ふるはたにんざぶろう》』のゲストに呼んでいただいたことがあり、非常に興味がありましたし魅力的でしたが、物理的に無理だろうと思いました。

「残念だけれども舞台3本は入れられないだろう」

マネージャーにもそう答えたのを覚えています。

ところがマネージャーはなかなか諦められない様子なのです。

「とにかく一度、台本を読んでみてください！」

そこまで言うのだったら、一応読んでみよう。そう思って、言われたとおり最初から台本を読んでみたところ、これがもう面白くて仕方ない。

まずあの才能豊かな人気作家にして演出家、三谷幸喜さんと仕事ができると思うとそれだけで嬉しい。しかもホンが最高に面白い。そのうえ、さらに僕が嬉しかったのが、彼が僕に振ってくれた役が、初演、再演のときに、角野卓造《かどのたくぞう》さんが演じた主人公の父親役、下町の理髪店の親父だったのです。

ある日、竹内結子さん演じる長女がフィアンセを家に連れてくることになる。実はそのフィアンセは父親である自分よりも年上の70歳なのですが、家族は青年実業家だと思い込んでいる。そこへ予定の時間よりも早くフィアンセが訪れて、というストーリー。取り繕おうとしてついた嘘がまた嘘を呼び……というコメディです。


これまでいろいろな役を演じてきましたが、いつも僕にあてがわれるのは「二枚目」役でした。歳を重ねるにつれて、いい加減その「枠」から出たいと思い、自分なりに与えられた役の中で変化をつけようとトライしてきましたが、「二枚目路線」のイメージはなかなか剝がせませんでした。

数年前から、そんな僕の思いが通じて、やっと時々コミカルな路線の役を与えてくれるプロデューサーも現れるようになってきてはいたのです。だけれども、さすがに「下町の理髪店の親父」的な役柄を僕に振ってくれる人はいませんでした。

読めば読むほど、この役を演じたくて仕方ない。

「この役、ほかの役者に渡したくないなあ……」

と思わず呟《つぶや》いてしまいました。それが正直な気持ちでした。するとスタッフが待ち構えていたように、

「返事しますよ！」

そして、あれよあれよという間に「やります」と返事をしてしまったのでした。

角野さんが演じる「下町の理髪店の親父」と聞けば、おおピッタリ！と誰もが安心できて納得のいくキャスティングだと思うのです。それを僕にやらせようという、この三谷さんの感性が僕はすごく好きなんですね。僕もそれを聞いて不安になるわけではなく、やる気を刺激されて「俺、できるよ」と思ってしまったのですから、調子がいいです

よね（笑）。

けれども、その昔、日本天然色映画でカメラテストを受けたときに、何かイメージを裏切るようなことをしたくて女性のスカートをめくったように、常に何か見ている人の予想を超えるようなものを見せたい、そのギャップにあっと驚いて楽しんでもらいたい――。そういうワクワク感が僕にはあるのです。

それが、おこがましいかもしれませんが、三谷さんの感覚と少し通じるようなところがある気がするんですね。三谷さんも、これまでの作品で「えっ、ここでこの人？」「この役にこの人？」と、見る側の意表をつくようなキャスティングをしてこられています。それまではシリアスな作品に出る役者さんというイメージしかなかった人を、突然コメディの中心に持ってこられて、みごとにコメディアン、コメディエンヌとしての才能を引き出すことに成功している。

本当だったら、監督、演出家という立場にある人は、確実に狙い通りに演じてくれる役者に託して安心したいはずなのです。失敗したら大変なわけですから。けれども三谷さんはその人を信じて冒険される。いや、ご本人が冒険と思っていらっしゃるかどうかわかりませんが、とにかくそうしたギャップを楽しんでおられるように僕には見える。そこが素晴らしいと思います。少なくとも役者にとっては、そういう「冒険」に誘っていただけるのは、非常に嬉しいことなのです。

結局、この舞台に参加させていただいたことが、またひとつ僕にとっての大きな転機となりました。自分の中に眠っていた「開かずの引き出し」を開けてもらえたと言ったらいいでしょうか。

とにかくこの役は楽しかった。これまで演じた舞台の中で、一番楽しんでできたのではないかと思うくらい、思い切り楽しんで演じられました。

自分がそうやって楽しく演じている役というのは、見てくださる方にも伝わるのでしょうね。周りの方々の反応も、「面白かったよー！もう一度やってくれー！」という声が圧倒的に多かったのです。またひとつ、何かを得られたという実感が湧いた作品でした。

三谷幸喜さん直々のオファー。大河ドラマ『真田丸』出演が決まる

『君となら』の稽古が始まったくらいの時期でしょうか、翌々年の大河ドラマの発表がありました。

それが三谷幸喜さん脚本で、堺雅人《さかいまさと》さん主演、『真田丸《さなだまる》』だということでした。真田と聞いて、自分の中で何やら期するものがあったことを覚えています。

というのも、実は85年から86年にかけてNHKの「新大型時代劇」という枠で放送された『真田太平記』というドラマに、僕は真田幸村《ゆきむら》

の役で出演した経験があったからです。原作は池波正太郎《いけなみしょうたろう》さんの同名小説で、全45話、1年間にわたって放送された大作でした。僕にとっても思い入れの強い作品で、真田にはその意味で特別な愛着を感じてもいました。

そうしたところ、当の『真田丸』のプロデューサーからご連絡をいただき「来年のスケジュールはどうですか」という話になったのだそうです。

いくつか決まっていた舞台があったのですが、「三谷さんの大河で真田の話なら、どんな無理をしても出演したい」と考えて、合間を縫う形でスケジュールを確保、「ぜひやらせてください」というお返事をしました。すると、プロデューサーからすぐに三谷さんに「草刈さんが受けてくださることになりましたよ！」という報告があったとのこと、それを聞いた三谷さんが、『君となら』の楽屋を訪ねてくださったのです。

「草刈さん、再来年、大河をやることになったんです。真田の話なんですけど、出てくださいますか」

と、改めて直々にオファーをしてくださいました。もちろんありがたくお受けしましたが、今度は幸村の父親の真田昌幸《まさゆき》役であるというのも、嬉しかったことのひとつでした。というのも、僕の中には、その30年前に出演した『真田太平記』で丹波《たんば》哲郎《てつろう》さんが演じられた昌幸像がとても印象強く残っていたからです。非常に豪快で面白い役で、丹波さんもものすごく楽しんで演じられていました。「ああ、あの人物は面白いなあ」と、それを思い出して、ますます興味が湧いてきました。プロデューサーも、僕のところへ「昌幸というのはこういう役柄です」ということを長い手紙に書いて送ってくださいました。

後に三谷さんのホンを読んだときに、「あ、これは面白いなぁ」と、そこからさらにイメージが膨らみ、この昌幸像を自分なりにどう形作っていこうかと胸がワクワク高鳴るようでした。けれども、何かこちらから計算して、役作りを「こうしよう、ああしよう」ということは、あまりなかったように思います。

というのも、三谷さんの作品は、台本から教えられることがいっぱいあるのです。台本を読んでいれば、自然に伝わってくるもの、気づかされることがたくさんある。それに導かれたと言ったほうがいいかもしれません。ですから僕がすることは、とにかく台本を読み込むこと。そして、当たり前ですが、台詞は徹底的に事前に入れていくこと。それに尽きたと思います。

たとえば、昌幸の喋り方ですが、よく視聴者の方たちが「今回の大河ドラマは、戦国時代なのに、いかにも時代劇っぽい話し方をしないのが親しみやすかった」などと言ってくださいましたが、あれも別に狙ってそうなったわけではありません。

僕の言い回しでドッカーンと笑いが。新たな「昌幸像」が生まれた瞬間

最初の顔合わせの日、三谷さん、演出陣、プロデューサー陣と皆さんいらっしゃる中、第1話の読み合わせが始まりました。やはり戦国時代の話で、登場するのは戦国武将ですから、全部台詞が重々しくなっているわけです。私もその調子で読んでいきました。

武田のもとから城に帰った昌幸を、家族全員が囲んで「武田は大丈夫なのか」と不安気に話をする場面。高畑淳子《たかはたあつこ》さん演じる昌幸の妻・薫《かおる》がおろおろして昌幸に「いったい武田のお家はこれからどうなるのですか」と尋ねると、昌幸が「安心せい！　この真田安房守《あわのかみ》がいる限り、武田は滅びはせん！」

と答えるところがあります。ここは一家の主として、戦国武将とし

て重々しく堂々と、僕もその台詞を読んだのですが、そこから一転、昌幸と、大泉洋《おおいずみよう》さん演じる長男・信之《のぶゆき》（信幸）と、堺雅人さん演じる次男・信繁《のぶしげ》（幸村）と3人が向かい合っている場面に切り替わります。そして、そこは昌幸のこの一言から始まるのです。

「おい、武田は滅びるぞ」

ほんのちょっと前に「武田は滅びはせん！」と重々しく宣言した昌幸ですから、皆さん、その続きでやはり重々しく息子たちに打ち明ける昌幸を想像していたようなのですが、僕の言い回しが、どうやらとっても現代調でカジュアルな、コミカルにさえ聞こえるようなものだったらしいのです。その一言を発した途端に、三谷さんやプロデューサーから、ドッカーンと笑いが起こりました。大泉さんと堺さんも「えっ？　そう来る？」と面食らったような、苦笑してしまったような戸惑いを見せていたように記憶しています。

自分ではことさら意図してそうしたわけではなかったのですが、これがもしかしたら、その後の父子3人の雰囲気、関係性を作ったのかもしれません。その日の帰りの車の中で、スタッフに「参りました。台本ってこういうふうに読むんですね。昌幸が生まれましたね」と言われたのを今でも覚えています。確かにあの台詞を言ったときに、僕自身、昌幸が「見えた」と思いました。これは長年役者をやってきた中で、自分でもハッとするような瞬間でした。

台本が教えてくれるというのは、こういうことなのかと改めて実感したものです。

「おのおの、抜かりなく」三谷脚本から生まれる名台詞

役者さんたちも、あの場にいた人たち全員が驚いたのかもしれません。

何しろ戦国武将で真田の家長です。これまでのイメージだと、孤高で

強く、有無を言わさず周囲を従える……というのが、思い描く姿でしょう。

しかし、三谷さんが描く昌幸は、自分勝手なことは言うし、家族には泣きつく。豪快だけれども、したたかなところももちろんあり、群《ぐん》雄割拠《ゆうかっきょ》、下剋上の嵐の世で「あっちに行く」と言ってみたり「こっちにつく」と言ってみたり……。茶目《ちゃめ》っ気《け》もあり、そういう非常に人間的なところが憎めない人物でもあります。周りの武将は彼のことを「食えぬやつ」と言っている。僕はそれを、あまり洗練されていない感じだと捉えました。

その一方で、真田の家を、名を残すためには、長男と次男を非情にも分ける。そして武田信玄に対する忠誠心を最後まで捨てずに抱き続ける。昌幸は戦国という厳しい時代を生き抜くのに必死だったと思います。「どんな手を使ってでも」「何をしてでも」という執念深さが、型通りの戦国武将像と違うとても人間味のある昌幸像に、皆さんは魅力を感じられたのではないでしょうか。ある種、時代劇が変わったと言ってもいいかもしれないとさえ思えました。その台本を読めば読むほど、僕の台詞の言い方も、この魅力を最大限に活かすものにしたいと無意識のうちになったのでしょう。

こうした人物に出会えて、それを演じさせていただけたことは、何にも代えがたい喜びでした。結果的にこれまでの役者人生で、間違いなく「代表作」と言えるものになったと自負しています。

お陰様で放送が始まった直後から大反響をいただき、それは自分でも驚くほどでした。ファン層が一気に広がったということも、肌で実感できました。特にお子さんたちで応援してくださる方が増えたのが、とっても嬉しかったですね。

あるときその「子どもファン」の一人から、ビデオレターが送られてきました。そしてその中で、昌幸のどこがそんなに好きなのかということについて、「自由なところ」と答えてくれていたのです。子どもがそんなところまで理解して魅力を感じてくれているのかと感心してしまいましたが、これをきっかけに歴史に興味を持つようになったという人も少なくないと聞いています。

そんな中から、皆さんに愛される、いわゆる「名台詞」というものも数々生まれました。そのひとつが、

「おのおの、抜かりなく」

です。

関ヶ原の戦いで、長男の信幸が徳川家康率いる東軍に、昌幸と次男の信繁は豊臣方ともいうべき西軍に分かれて戦うことになったわけですが、昌幸の作戦が功を奏して上田城の戦いで、真田は徳川の大軍を撃破します。真田の名前を一気に世に知らしめる結果となったわけですが、この戦いに臨むにあたって、家臣一人ひとりに向かって放たれ

た台詞がこの「おのおの、抜かりなく」なのです。

これが多くの方の心に響いたようで、今でもことあるごとに「この台詞を言ってほしい」と求められます。

とにかく真田は「どこにつくか」「どちらへ行くか」と選択を迫られることが多い家でした。息子2人と常にその話をしては、昌幸はとんでもない発想で次なる展開を決めていきます。武田家が滅び、上杉につくか、北条につくか、息子2人に考えさせて、あろうことか、くじ引きで決めようとする。そのあとの台詞も印象的でした。

「源三郎、源次郎、わしは決めたぞ。わしは決めたぞ、息子たち!」

そう言いながら、そのどちらでもなく、敵である織田方につくと言って息子たちを仰天させるのです。このときの台詞も、ちょっと歌うようにのびのびと言わせてもらいましたが、昌幸にはこうした皆を引きつけるような言い回しのできるスケールの大きな台詞が多く、そうしたところも楽しめました。時代劇も現代劇も芝居としては変わりませんが、時代劇のほうが演技を強調するなどデフォルメできるところが、演じていて面白いことのひとつかもしれません。

「脚本が独り歩きして悔しい」役者冥利に尽きる三谷さんの言葉

三谷さんも、そうした世の中の反響を受けてさらに興が乗ってきたのか、当初の予定と変わってくるところも間々出てきました。

たとえば、昌幸は真田が大坂に移って以降はしばらく出ないという予定でしたので、「収録、お休みになります」とスケジュール担当のスタッフに以前から言われていたのです。ところが、蓋《ふた》を開けてみると、新しい台本が届くたびにまだ登場している（笑）。

「あれ、昌幸、大坂に行っているよ。撮影あるんじゃない？　お休みだって言っていませんでしたか？」

と訊《き》くと、

「そうなんです。三谷さんが台本を書き変えたんですよ」

ということで、昌幸は大坂を舞台にしたシーンでもウロチョロすることになったわけです。鹿肉をまるでビーフジャーキーでも食べているようにかじっていたり、幸村の息子に喧嘩の仕方を教えたりと、相変わらずの印象的なキャラクターでしたが、しかし亡くなるときは、割とあっさり一日で去ってしまいました。そういうところも粋な感じでした。

昌幸が亡くなった、この第38話のシナリオを書き終えた直後に、三谷さんが、

「僕、昌幸ロスです」

とメールをくださったのですが、この回の放送後、やはり巷《ちまた》でもこの「昌幸ロス」現象が起こったと聞いて、そのときは本当に嬉しく思いました。

そう言えば、このドラマの放送後に、三谷さんがエッセイの中でも「脚本が独り歩きしてしまって悔しかった」という意味のことを書かれていましたが、これも役者としては嬉しかったですね。脚本家が書かれたものに、こちらがそれだけまた命を吹き込めたということなのかなと思えたのです。振り返ってみると、三谷さんからは「こう演じてください」というようなことを言われたことはありませんでした。役者さんの中には、そういう注文や助言があったという方もいらっしゃいましたが、僕については自由に演じさせていただいたと思います。

思ってもみなかった再ブレイク 数々の「出会い」に改めて感謝

ただプロデューサーからは、こういう説明を受けてはいました。
「これは堺さんが演じる真田信繁《のぶしげ》が主役ですが、タイトルが『真田丸』

ということなので、一艘の船を家長である昌幸が引っ張っていってもらわないと困ります」と。つまりは「この作品では、その信繁がどう育ってきたかということを緻密に描きたい、表したい。そうなれば、やはりそれを育てた豪放磊落《ごうほうらいらく》な親父、そこにもスポットライトを当てて描かざるを得ないのです。ですから、台詞の量も多くなりますけれども、文句を言わないでくださいね」ということにもなります。

確かに振り返ってみれば『真田丸』はその台詞の量も膨大でしたが、一つひとつを楽しめて演じられたのは幸せなことでした。多くの皆さんにも喜んでいただけたのが、何より嬉しい。そしてドラマの調子がいいと、やはり現場も雰囲気がよくなるもので、出演者全員、とっても仲のいい、和気あいあいとしたチームでもありました。今でもこのときに出演していた若い役者さんたちに、ほかの現場で顔を合わせることがあると、彼らは「草刈さん」ではなく、まず「大殿〜!!」と呼んでくれるんです。これもありがたいですね。

真田のお膝元の長野県上田市では、毎年4月末に「上田真田まつり」が開催されますが、このお祭りに、僕らも放送の年と翌年と3年連続で参加させていただきました。そのとき皆さんが口々に言ってくださったのが「殿、お帰りなさーい！」だったんですね。僕は甲冑《かっちゅう》を着て馬に乗って登場したのですが、もうキャーキャーワーワー騒がれて、まるでロックスターになったみたい。皆さんの声で地響きがするくらいなのです。小学生も「草刈さぁ〜ん!!」と大声で叫んでいる。最近は小学生もおとなしくなったなぁと思っていたのですが、こんな大きな声が出るのかと驚くぐらいでした。

主催の方に伺ったところ、僕らが出る前の年の観客が5万人で、僕らが出演した年が10万人、翌年も10万人で、3年目は15万人になったそうです。放送中からドラマを多くの方が愛してくださっていることは十分わかっていたつもりでしたが、改めて直にこうした皆さんの応援やリアクションを目にすると、より一層深い喜びと感謝の念が込み上げてきました。また地元の方がどれだけ真田の家を愛しておられるかもよくわかって、こうした方たちに喜んで受け入れていただけたことは、やはり役者冥利に尽きることだなあと、改めてしみじみ感じました。

そして、僕の役者人生でも思ってもいなかった再びのブレイクで、これを機に一気に状況が変化していきました。あれほどの挫折を味わって、それでもなんとかこの世界で生きてこられた。それだけでも十分ありがたいと思っていたのですが、まさか60歳を過ぎて再びこのような日々が待ち受けているとは、夢にも思いませんでした。

いろいろな作品のお話が舞い込むようになりましたし、コマーシャル出演も増え、なんとあの人気バラエティ番組『世界の果てまでイッテQ！』にまで出演することになりました。

人生本当に何が起こるかわかりません。ここでもすべては三谷幸喜さんという一人の演劇人との出会いによってもたらされたものです。今さらながら、これまでの数々の「出会い」の積み重ねに改めて感謝するのみなのでした。

さらなる新境地『なつぞら』へ

『真田丸』で皆さんに注目していただくようになってから、いろいろなお話をいただきました。あれほど嫌だと思って敬遠していた「二枚目」を前面に押し出したような役はむしろ少なく、演じがいのある、役者として深みが出るような作品に随分お声がけをいただいて、「本当にありがたい」と幸せを感じました。

僕自身も昌幸をやったことで、充実感と手応えを得ました。どんなボールをこれから皆さんが投げてくださるのか、そしてそれを自分はどう「料理」して打ち返すのか、将来に向けてワクワクする気持ちが沸々と湧いてきたのです。

そのような中、また僕にとって忘れられない作品となったのが、2019年4月から半年間放送されたNHK朝の連続テレビ小説『なつぞら』です。朝ドラ100作目という記念すべき作品で、ここにまた呼んでいただけたのでした。

最初にお話をいただいたとき、主人公の「おじいさん」役と聞いて、少し「えっ?」と衝撃を受けましたが(笑)、考えてみれば僕もそれなりの歳です。おじいさん役を演じることになっても、ちっとも不思議ではない。聞いてみると、主人公の人生に大きな影響を与える役柄のようで、むしろ、とてもやりがいがあると感じました。

何より嬉しかったのが、演出陣に『真田丸』のときと同じ面々がいたことです。彼らは僕のやりたいようにやらせてくれる、静かに見守ってくれるタイプの人たち。あのときと同じ雰囲気の中で撮影が進められるのであれば、これほど心強いことはないという気がしたのです。

戦災孤児となった少女・なつが、父の戦友に引き取られて、北海道・十勝で酪農を営む柴田家にやってくる。大自然に囲まれて育ったなつは、やがて日本のアニメーションの黎明期《れいめいき》に、アニメーターとなるというストーリー。

両親を亡くし、兄妹と離れ離れになって、はるばる北海道まで来たなつに、僕が演じた柴田泰樹《しばたたいじゅ》というその家の当主は、いきなり牛舎での仕事を命じます。育ての親となった娘夫妻が「厳しすぎるのではないか」とハラハラする中、まったく動じずに、なつに酪農の仕事を教えていくのです。

泰樹のなつに対する嘘のない接し方が、傷ついたなつの心を開き、二人は次第に、まるで本当の祖父と孫のように深い愛情と強い絆で結ばれていくのですが、そのきっかけともなったシーンでは、こちらが考える以上の大きな反応をいただきました。

口にするだけで涙が出てくる、『なつぞら』の名台詞の数々

それは、泰樹がなつを連れて帯広のなじみの菓子舗「雪月《せつげつ》」に出かけたときの回、第4話です。二人で並んでアイスクリームを食べるシーンがあるのですが、泰樹がなつに対してこういう言葉をかけるのです。

「ちゃんと働けば、必ずいつか報われる日が来る。報われなければ、働き方が悪いか、働かせる者が悪いんだ。そんなとこは、とっとと逃げ出しゃいいんだ。だが、一番悪いのは、人がなんとかしてくれると思って生きることだ。人は人を当てにする者を助けたりはせん。逆に

自分の力を信じて働いていれば、いつかきっと誰かが助けてくれるもんだ。お前はこの数日、本当によく働いた。そのアイスクリームはお前の力で得たものだ。お前なら大丈夫だ。だからもう無理に笑うことはない、謝ることもない。お前は堂々としてろ。堂々とここで生きろ、いいな」

とってもいい台詞ですよね。脚本家の大森寿美男《おおもりすみお》さんは、この『なつぞら』の中で、こうした胸に刺さる、胸に残る台詞をたくさん書いてくださいました。それは台詞を喋る僕自身がグッと来てしまうほどで、ここの台詞も、今こうして思い出して再び呟こうとするだけでも、もう涙が溢れてきてしまうのです。

この台詞で泰樹となつの間には、その後、生涯にわたって揺るぎない信頼関係が築き上げられる、そういう大切な場面だったのですが、この泰樹という人物を演じることができる幸せをかみしめました。

泰樹の台詞には、ほかにもいいものがたくさんありました。第8話、東京に帰ると言って家を飛び出したなつを探しているとき、怒りの感情を見せたことのないなつのことをおもんぱかってこう言います。

「怒りなんていうのはとっくに通り越しとるよ。怒る前にあの子は諦めとる。諦めるしかなかったんだ。それしか生きる術《すべ》がなかったんじゃ、あの歳で。怒れる者はまだ幸せだ。自分の幸せを守るために人は怒る。今のあの子にはそれもない。争いごとを嫌ってあの子は怒ることができなくなった。あの子の望みはただ生きる場所を得ることじゃ」

そして、見つかったなつに向けてはこう言うのです。

「お前には、もうそばには家族はおらん。だが、わしらがおる」

大森さんの台詞を口にするたびに、役者冥利に尽きるなあと、僕自身が一番感動していたのではないかと思います。そのお陰で、この柴田泰樹という人物をお茶の間の皆さんにも愛していただいて、また『真田丸』とはまったく違う世界を広げることができた、そんな満足感も得ることができました。

台詞が完璧に入っていれば、あとは自然にその役になっていける

泰樹は、なつが結婚して、その子どもがある程度大きくなってもまだ元気で頑張っている、長寿の人でした。歳を重ねたときの演技や立ち居振る舞いに非常にリアリティがあってよかったと言っていただくことが多くて、大変ありがたかったのですが、それについてもあまり計算してやったわけではありません。『真田丸』のときと同じで、とにかく台本を読み込めば、台本から教えられることがある。そして台詞が完璧に入っていれば、あとは自然にその役になっていけるというところがあるのです。

あとは衣装、扮装《ふんそう》の力というのも大きいです。

役者というのは、気持ちの悪い仕事だと思うのですが（笑）、衣装を着てメイクをすれば、その人物になった気になれるものなのです。『真田丸』でも『なつぞら』でもそうでしたが、最初の衣装合わせのときに、衣装を着て鏡の前に立って「ああ、いいじゃないか、これ」と自分でも納得して振り返ると、そこにいたスタッフたちが一斉に「おおお～っ！」と感嘆の声をあげてくれる。そうすると「これで決まりだな」と思うわけです。

泰樹の場合は、ウエスタンスタイルの農作業着でしたが、そういう外見から入ることも、その人物になりきるには大事なことなんですね。

それにしても、僕はいつもホンが大事ということを言っているのですが、『真田丸』にしても『なつぞら』にしても、とにかく台本が面白かった。そして、台本が面白いと、スタッフの熱が一気に上がるんです。みんなが感動して「これはいいものに仕上げないと」という思いがそれぞれに芽生えて、その熱がすごいことになる。

視聴者の皆さんが支持してくださったということも、その熱がきっとまっすぐ届いたからなのではないかと思っています。そして僕も、またこうした大切な役に出会えて、愛すべき作品、愛すべき役柄が増えました。

ここからがまた勝負です。この歳になって、思いがけず開けてきた地平を、面白がりながら、学びながら、一歩一歩、歩いていけたらと願っています。

時代劇も現代劇も
芝居としては変わりませんが、
時代劇のほうが演技を強調するなど
デフォルメできるところが、
演じていて面白いことのひとつかもしれません。

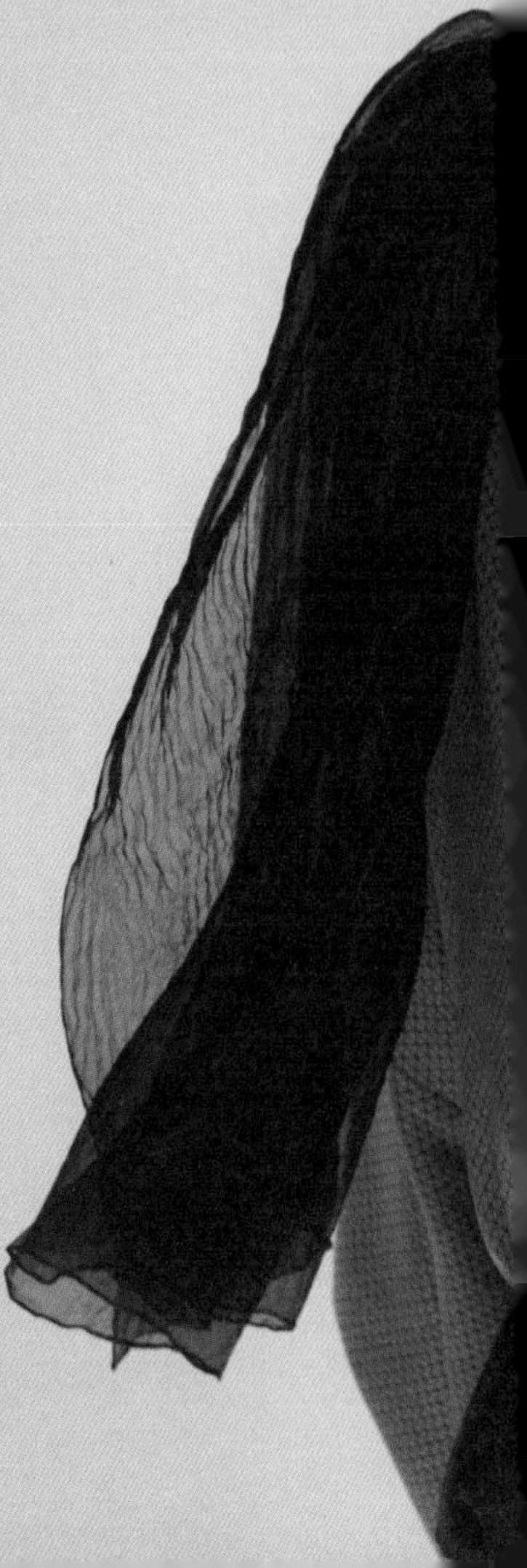

料金受取人払郵便

麹町局承認

2354

差出有効期間
2022年7月14日

郵 便 は が き

102-8720

439

東京都千代田区九段北
4−2−29
株式会社世界文化社

『ありがとう!
僕の役者人生を語ろう』係 行

フリガナ		年齢	1男
氏名		歳	・
		1 未婚　2 既婚	2女
住所　〒　　ー 都道 府県			
TEL　　　(　　　)			
e-mail			
興味・関心のある事　(例)人物　(　　　)			

※ご記入いただきました情報は、統計資料の作成等に利用いたします。下記のURLまたは右のQRコードから当社の個人情報の取り扱いについてご確認いただき、ご同意のうえお送りください。
https://www.sekaibunka.com/privacy/kj_toriatsukai02.html

当社の個人情報の取り扱いに同意しますか?　…同意する□

愛読者カード

〔1〕この本を何で知りましたか？　※(　)内に具体的にお書きください

a. 新聞(　　　　　　　新聞)　b. 雑誌(　　　　　　　)
c. テレビ(　　　　　　　)　d. 書店の店頭で(　　　　　　　書店)
e. 人に勧められて　f. ネットで(　　　　　　　)
g. その他(　　　　　　　)

〔2〕お買い求めの動機は？(いくつでも可)

a. 表紙がよかったから　b. タイトルが興味深かったから
c. 興味のある人物だったから　d. 内容が面白そうだったから
e. その他(　　　　　　　)

〔3〕この本をどこでお買い求めになりましたか？

(　　　　　)都・道・府・県　(　　　　　)市・区・郡
(　　　　　　　)書店
ネットサイト(　　　　　　　)にて注文

〔4〕この本についてのご意見、ご感想をお聞かせください

〔5〕今後、どんな人物について知りたいですか？

＊あなたのご意見・ご感想を、本書の新聞・雑誌広告や世界文化社のホームページ等で
1.掲載してもよい　2.掲載しないでほしい　3.ペンネームなら掲載してもよい

ペンネーム(　　　　　　　)

＊当社よりお客様に、今後の刊行予定など各種ご案内をお送りしてもよろしいですか
希望する場合は下の□にチェックしてください

当社からの案内などを希望する…………□

ご協力ありがとうございました。

振り返ってみれば
『真田丸』はその台詞の量も膨大でしたが、
一つひとつを楽しめて
演じられたのは幸せなことでした。
多くの皆さんにも喜んでいただけたのが、
何より
嬉しい。

人生本当に何が起こるかわかりません——
今さらながら、これまでの数々の
「出会い」の積み重ねに改めて感謝！

台本は仕事を決めるときだけではなく、
とにかく僕が、役者という仕事をする上での
柱のようなものだと思っています。
答えはすべて**台本の中**にある。

CHAPTER 3

仕事術

出演するか否か――
決めるにあたって唯一つ
よりどころにすること

役を受ける、受けない すべては「台本」しだい

時が経つのは本当に早いもので、いつの間にか還暦を過ぎていました。自分としては、このように注目される日々が始まるとは思ってもいませんでしたが、『真田丸』が終わってからは、幸運なことに、さまざまなジャンルのお仕事についてお声がけいただくようになりました。

その中から、何を受けさせていただくかということを決めるとき、僕がよりどころとしているのは唯一つ、「台本」です。ホンを読んでビビッと来たり、この役はほかの人にはやらせたくない、と強く思ったりしたら、それはもう是が非でもお受けする。この一点のみを基準に決めさせていただくことにしています。

ですから、よく大河ドラマでブレイクしたのだから、「その次の出演

作は地上波ゴールデンタイムの枠だよね」とか「高視聴率が望めるこでしょう」などという意見をいただくのですが、人気のある枠だからとか、大河の次だからこうでなくてはいけないとか、そういう考えは一切自分の中にはありませんでしたし、今もありません。

大河の前であろうが、後であろうが、仕事に対するスタンスはいつも同じ。

お声がけいただいたものの台本をまず読み、それが面白いと思えたらやらせていただく。思えないものについては、申し訳ないけれどもお断りする。すべては「台本」しだいという基準は、自分の中では揺るがずにあるのです。

『真田丸』が終わったあと、最初に何をやるのか、世間も注目してくださっていたようですが、僕がやりたいと思ったのは、NHK・BSプレミアムで放送された時代もののコメディ『幕末グルメ ブシメシ！』でした。

BSの、しかも平日、火曜日の深夜23時15分～45分の「プレミアムよるドラマ」枠ということで、「何を好き好んでそんな枠を……」と心配してくださる方もありましたが、僕としては、台本を読んで「これは面白い！　自分の役柄も楽しんで取り組めそうだ」と心から納得できたので、なんの迷いもありませんでした。

コミカルなキャラクターは演じていて楽しいし、面白い

幕末の江戸での食生活について、詳細な記録を残した紀州藩藩士がいたそうです。その藩士の日記（『酒井伴四郎《さかいばんしろう》日記』）を元に描かれたコミックが『幕末グルメ　ブシメシ！』の原作です。ドラマの中では、地方から江戸に出てきたこの人をモデルとした武士・酒田伴四郎（と、ドラマでは名前が少し変わっています）を瀬戸康史《せとこうじ》くんが演じていて、

武士の毎日の食＝「ブシメシ」にまつわる、さまざまなエピソードが展開されていくという、とても楽しいストーリーです。

僕が演じるのは、伴四郎の故郷・高野《こうや》藩の藩主・松平茂照《まつだいらもちてる》です。改革派として藩を厳しく統率していることもあり、快く思わない者も藩内には存在するけれども、意に介さず我が道を行く……という人物。実は変装が趣味で、「中間《ちゅうげん》」に身をやつして城下に繰り出しては、たびたび伴四郎の窮地を救うという「隠れた顔」を持つところも気に入った理由のひとつです。コミカルなところがあって、演じていて楽しい、面白いキャラクターなのです。

幸い主演の瀬戸康史くんとも気が合って、こちらがアドリブを出してもしっかり受けてくれる。互いに信頼し合っているからこそできることなのだと思いますが、こうしたいい雰囲気も、画面を通して皆さんに伝わっているのではないかと思っています。

ドラマの中では殿自ら大量の栗の皮を剝くという場面もあって、僕も実際に挑戦してみたり、料理と時代劇との絡みというのも、やってみてなかなか面白いものだと感じました。

これは好評を得て、その後、続編の『幕末グルメ ブシメシ！2』も作られ、地上波の「土曜時代ドラマ」枠でも放送されたので、やはり皆さんに愛されるものだった、僕の選択は間違っていなかった、と安心しています。

さらに『ドクターX～外科医・大門未知子～第5期』では日本医師倶楽部の会長・内神田景信《うちかんだかげのぶ》をやらせていただきました。東帝大医学部出身で、未知子を排除しようと企むものの、食道がんを患っていることがわかって、その未知子の執刀により命拾いをするという役柄。結局、収賄《しゅうわい》に関わった疑いで東京地検特捜部に逮捕され、最後は東京拘置所に収監されるという、これもなかなかドラマティックな展開で、やりがいがありました。

また２０１８年の元日には、やはり三谷幸喜さんが脚本を担当されたＮＨＫ正月時代劇『風雲児たち～蘭学革命《れぼりゅうし》篇～』に出演して老中の田沼意次《たぬまおきつぐ》役をやったり、翌年には『モンローが死んだ日』という小池《こいけ》真理子《まりこ》さん原作の恋愛心理サスペンスで、患者と恋に落ちる精神科医を演じたり。映画『体操しようよ』では、定年後にラジオ体操を通じて新たな人生を手に入れるシングルファーザー役で主演させていただきました。

こうやって少し振り返ってみただけでも、実にバラエティに富んだ興味深い役に挑戦できたことに改めて気づくとともに、充実した仕事ができていることをありがたく思わずにはいられません。

周囲の意見や助言に耳を傾けると、刺激を受けて意欲がかきたてられる

それには、今のスタッフたちの協力も大きな力になっていると感謝しています。僕は、２０１１年にそれまでの芸能事務所から独立しました。今のスタッフはそのときから手伝ってくれているメンバーですが、彼らの意見や助言によって、新たに気づかされることが決して少なくないのです。

独立した当時、僕はもうそれほど新しい仕事にチャレンジしていく必要はないかなと考えていました。年に数回の舞台の仕事はありましたし、そこに『美の壺』のレギュラーがひとつあって、そのままマイペースで静かな生活に移行していければ十分だなという思いだったのです。

ところが、そんな思いとは裏腹に、僕の役者人生は賑々しい方向へと転がっていくことになりました。

面白いもので、周りにいるスタッフが替わり、いろいろな意見に耳を傾けると僕自身、心機一転、生まれ変わるような感覚がありました。そのひとつがファッションでしょうか。僕はモデル出身にもかかわらず、とにかく洋服オンチで、仕事を離れるとファッションやおしゃれというものに、あまり興味がありません。基本的に格好に構わないのですが、それが「損をしている」とスタッフに思わせたようでした。

まず、スタイリストとヘアメイクをつけて、どの現場に行くのにも彼らを伴うようにしました。こういう大勢のスタッフを連れて歩くというのも、なんだか大名行列のようで僕の美学からするとどうかな、と思いましたが「ここはどうしてもプロの力と知恵を入れなければいけない、それが第一歩」だということなので、助言には従うようにしました。

　助言を受け入れてやってみると、やはり僕もモデル出身ですから、きちんと着こなせたり、ピシッと決まる格好をしたりすると気持ちも上がることを実感しました。ほかの役者さんが聞いたら笑ってしまうかもしれませんが、「これはなかなか大事なことかもしれない」と、今さらながら、その重要性に気がつきました。

　外見だけでなく、演技力、演技に対する意欲についても、もっとこれを活かせる場を探していかないといけないという印象を与えたようです。主役ではなくて四番手、五番手の役であっても、台本を読んで面白ければ受けていくというスタンスの僕を見て、「もっとできるはずだ」「こうやればどうだろう」「これはやったほうがいい」と、あれやこれやと新たな発想やアイデアが湧いてきて、「夢が膨らんできた」とスタッフが言うのです。マイペースで穏やかに仕事をしていって老後につながればいいかな……などと考えていた僕ですが、そんな言葉を聞いてはそのままではいられません。徐々に刺激を受けて、意欲をかきたてられていくような気がしました。皆さんにも経験があるのではないでしょうか。自分だけで考えていると、決まったルーティンやセオリーなどに陥りがちです。けれども、違う考えをオミットせず自分の中に入れて考えてみて、チャレンジしてみると、新たな自分と出会えたりします。それは素晴らしいことだと思います。

答えはすべて台本の中にある。ボロボロになるまで頭に入れる

常に「台本」を大事に仕事を決めると言いましたが、そのスタンスはスタッフも同じでした。とにかく端からすべての台本に目を通して「これが面白かった」「これはやるべきだと思います」など、きちんと意見してくれます。僕も読んで、互いに話し合って意見を交換して、

それならばこれで行こうと納得して決められているのが、いい結果に結びついているひとつの要因かもしれません。もちろん、出演するのは僕ですから、最後に決めるのは自分自身です。でも、僕のキャラクターを理解している周りの人たちが熱量をもって勧めてくれると、なおのこと「やるぞ！」という気持ちになります。

『真田丸』以降の注目のされ方についても、僕にとっては青天の霹靂《へきれき》、思ってもみなかったことで、時々、

「こんなふうになるなんて、考えていなかったよね？」

と、スタッフと話をしたりするのですが、そうすると、

「そうですか？　そんなことありませんよ。必ずこういうふうになると思っていましたよ」

と、かえって怪訝《けげん》そうな様子で答えが返ってきます。頼もしいというか、それを聞くと、懸命に僕を支えてくれている大勢の人たちのためにも、ますます頑張らないといけないなと鼓舞されるのです。

台本は仕事を決めるときだけではなく、とにかく僕が、役者という仕事をする上での柱のようなものだと思っています。答えはすべて台本の中にある。だから、台詞は徹底的に完璧になるまで入れていきますし、先々決まっている舞台の台本などは、1年以上前から少しずつ少しずつ読み込んで、初日を迎える頃にはボロボロになるまで頭に入れておくことにしています。

そういう僕の読み方についても、スタッフは最初驚いたようですが、それくらい入っていないと、その人物として自由自在に動くことはできないというのが、僕の考えなのです。むしろこれも、気が弱くて怖がりだから、そこまでの準備をしたくなるのかもしれません。

台詞については、以前は、自室の静かな環境で覚えるようにしていましたが、あるとき、知人から「ある程度の喧騒の中のほうが頭に入るよ」と勧められて以来、近所の喫茶店で覚えるようにしています。

実際、知人の言ったとおり、あまり静かすぎないほうが集中できるので不思議です。台詞が完璧に入っていなければ、役作りも演技もあったものではありませんから、とにかく台本は読み込んで、台詞は完璧に入れていくようにする。これが僕の仕事に対する基本的なこだわりです。逆に、台詞さえ入っていれば、多少何かあっても対応はできるのです。とにかく僕は台本ととことん顔を突き合わせて……ということを繰り返し愚直にやっていくのみです。

昔は「こういう役をやってみたい」「こういう作品に出てみたい」という自分の意思のようなものが、もっと強くあった気がしますが、最近はそれがまったくと言っていいほどありません。むしろ作り手の方々が「草刈をこういうふうにしたい」とか「草刈にこういう役をやらせたい」「こういうことをやらせたい」と思ってくださることを楽しんでいきたいという気持ちのほうが強いのです。

ですから、毎回、新しい台本をいただいて読むたびに胸が高鳴ります。

意外な役を振られたり、今までにない作品に巡り合えたりすると、それこそ「どうやって取り組もう」とワクワクしてくる。「なんでも来い」というような気持ちですらあるのです。

波に乗ってしまうことも大事。人生初の写真集とバラエティ出演

そんなことですから、ここ数年は、これまでやったことのない仕事にも勇気を出して意欲的に取り組んできました。たとえば写真集の出版です。実はこれを言うと意外に思われる方が多いのですが、僕は写真集というものを若い頃にも一度も出したことがなくて、これが初めての経験だったのです。ですから写真集のタイトルも『草刈正雄　FIRST PHOTO BOOK』（双葉社）です。

65歳にして初めての写真集なんて、最初は抵抗がなかったわけでは

ありませんが、こういうときは波に乗ってしまうことも大事だ、ここで出さなかったらいつ出すんだ、そんな気持ちで思い切ってやってみました。お陰様で皆さんからも好意的な感想を言っていただくことが多くて、僕自身もいい記念になったなと思っています。

そしてもうひとつ。私にとってのチャレンジは、あの人気バラエティ番組『世界の果てまでイッテQ！』への出演です。皆さんも驚いたと思いますが、僕自身にとっても意外な展開でした。

そもそもイモトアヤコさんとは、舞台『君となら』で父娘役を演じたのが初対面です。その後、僕が『真田丸』に出ていたとき、ちょうどイモトさんの『世界の果までイッテQ！』と放映時間がまったく重なってしまうこともあって、イモトさんが時々番組の中で「草刈さ～ん！」と叫んでくれていたんですね。やがて僕も「イモト～！」と返事だけの出演をするようになりました。そして、『真田丸』が終わってからは、たびたびゲストとして番組にも出演させてもらうようになったのです。

最初は日本テレビの方からの依頼でした。「次の回が『イッテQ！』100カ国目のロケになります。その記念すべきロケに、場所はまだ決まっていないのですが、草刈さん、出ていただけませんか」ということでした。僕は飛行機が大嫌いなので、海外に行くのは正直気が進みません。けれども、イモトさんは1年間番組の中で僕の名前を叫び続けてきてくれたわけで、それに応えないわけにはいきません。周囲のスタッフも「ここは、1年間『草刈さん、草刈さん』と言い続けてくださったイモトさんのために出ましょう！」と積極的に勧めるので、「近場だったらいいよ」と言って出演を決めました。

そうしたところ、行き先はなんと南アフリカ共和国でした！ 日本から現地までおよそ丸1日かかるところです。もうそれを聞いただけで泣きそうでした（笑）。やっとなんとか辿《たど》り着きましたが、着いた途端、ホッとしたのと不安になったのとで、スタッフに「帰ろうか」と思わず言ってしまったほどです。

設定としては、僕はロケ地にイモトさんを激励に行くというスタイルでしたから、イモトさんがバンジージャンプのロケに行っている間に、ビデオメッセージだけを撮って、まずはジャンプをするイモトさんを励まして、帰ってきたところをサプライズで出迎える……というものでした。

ちょうど時差ボケもあってボーッとしていたことも功を奏して「頑張れ、イモトォ〜！」というあのスタイルが出来上がり、無事にビデオメッセージを収録することができました。

ところが、ここから僕はいきなり心配になってしまったのです。

僕はとにかくネガティブな性格で、怖がりで臆病なので、このときもイモトさんが無事に帰ってくるかどうか心配で仕方なくなってしまったのです。もしかしたら、バンジージャンプをやりたくないのではないか。それなのに、僕が「頑張れ」などと言って励ましてしまったから、後に退《ひ》けなくなって無理やりやることになっているのではないか。ひとたびその妄想にとりつかれたら、もう居ても立ってもいられません。とにかく気になって気になって、何も手につかないのです。

なんとか落ち着きを取り戻しましたが、あれは生きた心地がしませんでした。結局、その後、番組スタッフから「無事に成功しました」という報告を聞いて安心し、帰ってきたイモトさん本人ともサプライズで会い、喜んでもらえてめでたしめでたしだったのですが。

ところで、飛行機嫌いの僕なのに、海外ロケはこの南アフリカだけでは終わりませんでした。次はルワンダ、2019年の秋にはオーストラリアにも行くことになったのです。以前の僕でしたら、こういうバラエティ番組に出ることなど考えられなかったと思いますが、やってみると、また世界が広がって、自分でも驚いています。何しろ、若い方が注目してくださって、応援してくださるのを感じて、それが嬉しかったですね。

腹黒い官房長官から日本を救う総理大臣まで

最近はそうした新たな分野への出演など、日頃のネガティブな自分からは想像できないくらいチャレンジしてきましたが、役柄についても、以前だったら引き受けなかったようなものについても積極的にやらせていただくようになりました。そのひとつが「政治家」の役です。

2019年公開の三谷幸喜さん脚本・監督の映画『記憶にございません!』は、中井貴一《なかいきいち》さんが、ある日突然記憶を失った総理大臣を演じられたコメディですが、僕は官房長官の鶴丸大悟《つるまるだいご》という役をやらせていただきました。クセ強めのキャラクターたちの中で僕が演じたのは与党を牛耳る男の役です。キングメイカーでもある鶴丸大悟は総理が替わっても官房長官の座に座り続けています。最後には中井貴一さん演じる総理大臣にうっちゃりを食らうんですけどね……。とっても性格の悪い、腹黒い男ですが、やはり三谷さんの筆にかかると、これも人間の滑稽味《こっけいみ》として親しみやすいキャラクターに変わってくるから不思議です。それでも撮影中は、これが果たして皆さんに伝わるのかなぁ……と実感が湧かずにやってきたのですが、実際に映画館でご覧になった方々が「面白かったよ！」と口々に言ってくださるのを聞いて、ホッとしました。

自分では政治というジャンルはまったくわからないところですし、興味もそれほどないので、それに携《たずさ》わる人物をどう演じていいのか迷うところでしたが、ひとつ挑戦したことで自信にもなりました。

三谷さんは映画についてのインタビューの中で、僕について、「舞台でご一緒したとき、『この人は面白いし、きちんと計算して観客を笑わせることができる人だ』と思った」と話してくださっています。そして「草刈さんのそういう芝居が一番活きる台本にしようと思いました」とも……。役者として本当に嬉しいお言葉です。

そして、次に挑戦したのが、いよいよ総理大臣の役です。2020年3月からWOWOWで放送になる連続ドラマW『オペレーションZ～日本破滅、待ったなし』で、僕は国の借金を前に機密プロジェクトをスタートさせる首相・江島隆盛を演じています。同じ政治家といっても、コメディの中に登場する官房長官・鶴丸とは、まったくキャラクターが異なります。

以前の僕でしたら、こういうジャンルのことにはあまり興味を惹かれなかったのですが、台本を読めば読むほど、「今やらねばならない役だ」と思うと同時に、これは後々まで残る作品だという気がしてなりませんでした。そうした作品に出会えることの幸運を大事にしなければいけないとも思い、やらせていただくことにしたのです。

今や国の借金は1000兆円を超えている日本。このまま行ったら「国家破綻」してしまう。そこで首相の江島は、歳出を半減させる大胆な方向に舵《かじ》を切っていく……というストーリーです。役作りにあたっては、政治に詳しい友人などのレクチャーも受けつつ、真摯に取り組みました。また新たな役者・草刈正雄の一面を、多くの方々に楽しんでいただければと思います。

役者を続けていくために大切にしていること

ここ数年の役者としての充実感、満足感、高揚感というのは、なかなか得られないものだ、自分は本当に恵まれているとありがたく思っています。

長い役者人生、本当に山あり谷ありでした。映画『記憶にございません!』で僕が演じた官房長官鶴丸大悟の台詞に「少しでも長くこの世界にいる」という一節がありますが、僕にとってはリアリティのある言葉です。紆余曲折ある中でも、役者を辞めずにしがみつく……自分には「これしかない」と、とにかく目の前の役柄に真摯に取り組む。それしかしようがなかったのかもしれないけれど、たとえば、舞台『君となら』は大河ドラマ『真田丸』につながり、朝ドラ『なつぞら』や映画『記憶にございません!』などへとつながっていきました。

よい作品、よいスタッフ、よいキャスト、よい環境。一つひとつに感謝して、きちんと取り組んでいきたいと、より一層、身の引き締まる思いでいるのですが、そのために一番大事にしたいことは、やはり「健康」なのです。僕は臆病なものですから、少し調子が悪いとすぐに病院で診《み》てもらうなど、普通の人の倍以上に体調には気を配っているつもりです。それでもいつも、結果が出る前に、やはりネガティブになって落ち込んでしまうのです。

病院に行こうと決めてから、行こうか行くまいか、怖くてまず悩みます（笑）。「行こうかな、でも、もしもよくない結果が出たら嫌だな、でも行ったほうがいいよな、でも必ず何か出るよな」などと、自分でどんどん悪い方向へ決めつけたりして勝手に凹《へこ》むのですが、それでも最後は決心して行く。

検査をして、結果が出るまでにまた勝手にネガティブ・スパイラルに入ってしまうのですが、最大の恐怖を、勇気を出して乗り越えて結果を聞きに行く。まるで判決を下されるようで、いつもお医者さんの前で項垂《うなだ》れてしまうほどです。なんでもなければ安心してまた仕事に邁進《まいしん》するのですが、やはり、その一連の作業は、気の弱い僕にはかなり高いハードルです。

それでもいつもそのプロセスを踏むのは、好きな芝居をできるだけ長く続けたいから。そして、体を使う役者に必要なのは、やはりまずは「健康」なのです。それが基本中の基本ですから、これからもこの仕事を続けていくために、一番大事にしたいことは何かと聞かれれば、迷わず「健康」と答えます。そして、それを維持するために努力しなければと思うのです。

素直に人の言葉に耳を傾け、素直に受け入れてみる

日頃、特にジムに通うことなどはないのですが、時間があるときは、若い頃から続けている趣味のテニスをすることにしています。テニス仲間もたくさんいて、仕事の合間を見つけては、彼らと打ち合うのが今一番リラックスできるひとときであり、自分の最大の健康法だと思っています。

心身ともに健康で、さらに素直な人間でありたいと思います。僕はこれまで何度も危機的状況に陥りながら、いろんな方々との出会いに救われてきました。そのときに、やはりできるだけ「素直であろう」としていたことも、よかったのではないかと思うからです。素直に人の言葉に耳を傾け、素直に受け入れてみる。それは、人生の流れを柔軟に受け止めていくことにもつながります。素直であれば、何かしら気づいたり、見えてきたりするものもある。

自分ひとりの考えに固執したり、頑《かたく》なになったりするのではなく、視野を広げてさまざまな世界に目を向けてみる。そうすると自分のことも、少しは客観的に見られて、何か新しい風が吹いてくるような気がするのです。

これからも、そうした気持ちを忘れずに歩いていきたいと思っています。

CHAPTER 4

原点

家族に感謝！

母と一緒に見た映画が今も役者としての財産に

第1章でも少し触れましたが、ここでは僕の原点である故郷の思い出や、母のことなどについて改めてお話ししてみようと思います。

僕は1952（昭和27）年9月5日、福岡県小倉市（現・北九州市小倉北区）に、母スエ子とアメリカ軍人の父、ロバート・トーラの子として生まれました。と言っても、僕が生まれる前に父は朝鮮戦争で戦死。僕は父親の顔を知らずに育ちました。

ですから、もの心ついたときから母一人子一人の生活。母は日用品の卸売店で働きながら、僕を育ててくれました。典型的な九州の女で、元気で芯が強く、とにかくすごく厳しい人。でも、父親の役も母親の役も一人で引き受けて育てたわけですから、敢《あ》えてそう接してくれていたのかもしれません。僕が思う以上に大変な苦労をしたのだろうと思います。

小倉という土地は荒っぽいところなので、子どもの頃の遊びも激しくて、近所の友達とビー玉やメンコをたくさん賭けたり、鋭い芯のついた独楽《こま》で相手の独楽を叩き割る九州独特の「ケンカ独楽」をしたり、毎日ありったけのエネルギーで遊んでいましたね。

幼い頃は「バービィちゃん」と呼ばれていたのですが、とにかく近所ではやんちゃ坊主で有名で、石を投げて近所の窓ガラスを割ったり、いろいろな悪さをしては、「お宅のバービィちゃんを家につないでてくれ」と母が言われるような始末でした。

小学一年生の時のことです。毎日帰りがけに一日を振り返る反省会のようなことをクラスでしますが、そのときに「〇〇くんは悪いと思います！」という話がよく出ますよね。そのときに必ず僕の名前があがるんです。特に僕の名前をよくあげる女の子が一人いたのですが、ある日、あまりに腹が立ったので、その子の髪に、そのとき噛んでいたチューインガムをペタッとつけてしまったんです。その子が取ろうとすると、ますますガムが伸びて広がる。慌てて僕もなんとか一緒に取ろうとしたのですが、そうすればするほど髪全体にガムが広がって収拾がつかなくなってしまいました。

次の日、彼女は髪の毛を短く切ってそれを隠すために頭にスカーフを巻いて登校してきました。すると、その日のうちに、担任の女の先生がうちの母に会いに家までやってきて「やんちゃが過ぎて手に負えないので、もう学校を辞めてほしい」と言い出したのです。僕はそれを隣の部屋で聞いていたんですが、先生は泣き出す、母も泣き出すで、どうしようかと思いました。結局その場に出ていって謝ったのか、先生が許してくださったことは覚えていますが、それくらい悪ガキだったんですね。ただ、さすがにそれを機に、やんちゃは少し収まっていきました。

母との思い出というと、やはりよく映画館に行ったことでしょうか。母は映画の好きな人で、当時、まだテレビのなかった我が家の娯楽と言えば映画しかないような時代で、よく連れて行ってくれました。小倉の富士館という映画館でした。小さい頃は、特に時代劇が好きだったのをよく覚えています。東映では中村錦之助《なかむらきんのすけ》（後の萬屋錦之介《よろずやきんのすけ》）さんの『宮本武蔵』『瞼の母』『一心太助』、大映では勝新太郎《かつしんたろう》さんの『座頭市』、市川雷蔵《いちかわらいぞう》さんの『眠狂四郎』、……みんな面白かったですね。ほかにも大川橋蔵《おおかわはしぞう》さん、月形龍之介《つきがたりゅうのすけ》さん、大友柳太朗《おおともりゅうたろう》さんなど、今でも思い出すとスルスルと場面や台詞が蘇ってきます。

時代劇の役者さんには、特に悪役に面白い人がたくさんいました。台詞なんかもう何を言っているのかわからないような喋り方、節回しなのですが、子ども心にあれが面白いとわかるんですね。今でも真似できますよ。

少し成長して小学校高学年から中学校半ばくらいにかけては、東宝の若大将シリーズの全盛期。加山雄三さんに憧れて、これにもまた夢中になりました。後に僕が「三代目若大将」に起用されたときに、雑誌の企画で加山さんと対談させていただいたことがあるのですが、そのときは本当に感動しましたね。

それから忘れてはいけないのが『ゴジラ』シリーズです。これもよく見に行きました。その当時は将来役者になろうなどとはつゆほども思っていませんでしたが、今振り返ってみると、このときの経験が役立っているのだと思わずにはいられません。特に時代劇については、あらゆる役者さんの台詞の言い回しが身についているので、『真田丸』をやっているときも、自分で「ああ、これはあの人の喋り方だったな」などと思うことがよくありました。これは確かに今も財産になっているると思います。母には感謝ですね。

ありがとうとごめんなさいを素直に言える人に──母の教え

17歳でモデルデビューして、2年後くらいには母を東京に呼び寄せました。最初は渋谷区恵比寿にあった賃貸の古い一軒家。間借り生活が長かったためか、一軒家というものに憧れて、ここに呼んだのです。母は仕事を辞めて上京、僕と一緒に暮らし始めたわけですが、僕もまだ将来が見えているわけでもない駆け出しの頃でしたから、この先、この仕事で安定して食べていけるのかどうかもわかりません。今思えば大胆な賭けに出たなと思います。結果的に、資生堂のコマーシャルが大きく取り上げられて、なんとかやってこられましたが、母はどんな気持ちでいたのか、ふとそんなことも時々思ったりします。

結婚した頃は一時的に別々に住んだこともありましたが、亡くなるまでの15年間は、母が体調を崩したこともあって再び一緒に暮らすようになりました。妻や子どもたちとも仲良くて、それはありがたかったですね。咽頭《いんとう》がんや乳がんなどを経験したりもしましたが、一つひとつ克服して元気に暮らしていました。それが、２０１０年の夏、脳梗塞《こうそく》を起こし自室で倒れてそのまま亡くなってしまったのです。あまりに突然のことで、本当にショックでした。

資生堂のコマーシャルがオンエアになったときは、真っ先に母に電話して「見たね？」と尋ねると、「見たよ」と言って、本当に喜んでくれました。思えば、しつけには非常に厳しい母でしたけれども、勉強のあまり得意でなかった僕に無理に「勉強しなさい」ということは言いませんでした。それよりも自分の好きな道を思い切って歩いていきなさいと、僕のやりたいことをやらせてくれて、常に応援して後押ししてくれたのです。今の僕があるのも、母のお陰だと心から思っています。

もっと親孝行できたのではないか、もっと幸せにしてあげられたのではないか、と亡くしてから悔やまれることばかりです。結果的に、僕の人生につき合わせることになってしまったわけですが、それが母の幸せだったのかどうかもわかりません。

よく「ありがとうとごめんなさいを素直に言える人になりなさい」と言っていましたが、歳を重ねるにつれ、その言葉の意味がしみじみわかってきたような気がします。

変なプライドやメンツにこだわらずにここまで来られたのも母のお陰。その教えを胸に、これからの人生も歩いていけたらと思っています。

野球に打ち込んだ高校時代。全国大会の準々決勝まで進出

東京に出るまで、小倉では母と二人で四畳半の間借り生活をしていました。本当に貧しくて、母と顔を突き合わす環境も息苦しくて、いつも「早く自立したい」と思う日々。ですから、中学生になると同時に新聞配達を始めました。最初は地元紙の夕刊を配っていたのですが、朝刊も配ればより稼げると思い、大手新聞の販売店に移って、朝夕、卒業まで3年間勤め上げました。

高校は県立小倉西高校の定時制に進学。昼間は働いて夕方から学校へ行くという毎日でしたが、このときに僕は軟式野球部に入ったのです。ですから4時間授業を受けた後には2時間の部活動も行う。そこから最終的には、第1章でお話ししましたスナックでのアルバイトもやる

ようになりましたから、そうするとそれが朝の5時くらいまで。明け方少しだけ寝て、また次の日が始まるという生活ですから、ものすごい体力ですね。若いということは素晴らしいと、改めてしみじみ感じます。

入学した小倉西高校は、地元では定時制野球部の強豪校として知られ、それを目当てに入ってくる生徒もいたほどでした。なので、僕が入学した年も、全国大会に行けるかどうかというところで盛り上がっていたのです。入ったばかりでしたが僕も興奮して、これはぜひとも東京で行われる全国大会に行きたいと、懸命に練習に打ち込みました。入ったばかりの1年生ですから、レギュラーではありません。けれども、いろいろなポジションをやらせてもらって、毎日楽しんで練習をしていました。

結局、その年にチームは全国大会に行けることとなり、僕たちは喜び勇んで上京することになりました。そして、1968（昭和43）年

8月16日から20日の5日間、東京の神宮球場で行われたその全国大会で、1回戦、2回戦と勝ち進み、なんと準々決勝まで駒を進めることができたのです。この大事な対戦で、とうとう補欠の僕も使ってもらえることになりました。胸を高鳴らせ、はりきって試合に出たのですが、しかし運もここまで。残念ながら負けてしまい準決勝には進めませんでした。僕が出たから負けたような、そんな記憶もあるのですが、それでも全国大会に出場できたことだけで、忘れられない青春の思い出になりました。

そのときに宿泊先から神宮球場までよく歩いたのですが、途中、青山あたりに、ものすごく古いアパートがあったのです。あまりにひどかったのでその外観が印象に残っていたのですが、1年後にモデルとして再び上京したときに、なんとそこが住まいとなったのでした。

恩人であるスナックのマスターと20年ぶりの再会を果たして

高校時代、本や雑誌の訪問販売をしたり、文房具の注文取りや納品をやったりしているときに、突然声をかけてくれたのが、市内のスナックのマスターです。街で見かける僕が目立っていたのだと思いますが、ご飯をご馳走してくれた上に、「うちで働かないか」と誘ってくださったのです。

当時はまだ16歳でしたから、フロアーには出られずに、もっぱら厨房で皿洗いをしたり、スルメを焼いたりということぐらいしかできませんでしたが、働かせてもらえたのは、ありがたかったですね。

そして、そのマスターの勧めで、僕はモデルへの道を歩き始め、結局、芸能界に入るわけですから、考えてみれば、今の自分を作ってくれた恩人と言えるのです。しかしながら、上京して以降は、あまりに毎日が目まぐるしく過ぎてしまって、連絡を取るどころではなくなってしまいました。心のどこかで御礼かたがた近況を報告しなければ……という思いがあったのですが、そのまま何年も時が過ぎていってしまったのです。

再びお会いしたのは、僕が30代に入ってからだと思います。無沙汰を詫びると、冗談めかして怒ったようなふりをして「本当になんの連絡もないんだからなあ」と言われてしまいました。ただただ、平謝りするだけだったのですが、いろいろと話をして「これからも頑張れよ」と励ましてくださいました。

ちょうどその頃、僕は頂点から転げ落ちて、下り坂の非常につらい時期にあったのですが、この励ましの言葉に思わず感極まって涙してしまったことを覚えています。

手のひらを返したようにつれなくする人たちもいれば、こうしてこちらが失礼を重ねているのに、昔と同じように温かく迎えてくれる人もいる。母も東京に呼び寄せて、小倉にはもう縁がないと思っていたのですが、こうして覚えていて支えてくれる人たちもいる。そのことに胸が熱くなってしまったのです。

２０１８年、北九州市が市制55周年を迎えた年には、そのアンバサダーも務めさせていただきました。またこうして故郷に関わりのある仕事ができることを、改めて嬉しく思ったものです。

まだ何者でもなかった僕の土台を作り、思い出を作ってくれた故郷。今の年齢だからこそ、もう一度身近に感じて大事にしていきたいと思っています。

交際期間12年、結婚生活32年 いい距離感で放っておいてくれる妻

僕がこれまで役者としてなんとかやってこられたのは、ひとつには間違いなく妻をはじめとする家族の支えがあったからです。壁にぶち当たったときも、うまくいかないときも、どんな僕も受け入れてくれて耐えてくれたことに、感謝してもしきれません。娘たちがそれぞれの道を歩き始めた今、改めて妻との関係を一番大切にしていきたいと思うのです。

第1章でも書きましたが、妻との出会いは、1977年に放送されたフジテレビ系列のドラマ『華麗なる刑事』です。新宿南口署を舞台に、田中邦衛さん演じる鹿児島出身の刑事と、僕が演じるロサンゼルス出身の刑事がコンビで事件を解決するという刑事ドラマ。そこに当時、

女性警官役で出演していたのが妻でした。彼女は当時、女性誌などで活躍していた売れっ子モデル。僕はそれを知らなかったのですが、ジャスト・マイ・タイプで一目惚れでした。ところが、妻から見た僕は「なんて偉そうな人なんだろう」というあまりよくないものだったようです（笑）。

それでも、僕のほうから積極的に声をかけていつの間にかつき合い始めて、その交際期間は12年に及んだのです。その間には、離れたりする時期もありましたが、結局気がつけばまた元の鞘《さや》に戻っている。やはり相性がいい、運命の相手だったのでしょう。

元々僕は、人づき合いもそんなに得意ではないですし、不器用でコミュニケーションをとるのも下手です。妻はそんな僕をいつも一歩引いて見ていてくれて、いい距離感で放っておいてくれます。それが心地よいのかもしれません。つき合い始めたのが25歳で、結婚したのが36歳ですから、俳優として最も華々しいときと下り坂になっていくときのどちらもそばで見てきている。そのどんなときでも変わらずに一緒にいてくれたというのも大きかったと思います。結婚するなら彼女しかいないと、ずっと思っていました。だけれども、なかなかきっかけがつかめない。

1988年の大晦日《おおみそか》、親友の役者・勝野洋《かつのひろし》くんのところを訪ねて、そんなことを相談していたら、「好きなんだろ?」と彼が言うんですね。「そうだな」と答えると、「じゃあ、すぐ結婚だろう」と背中を押してくれたので、その場ですぐに電話をかけてプロポーズしました。その年、僕は年男だったこともあり、縁起を担いで、そうとなったら年内に籍を入れようと決意。勝野くんと彼の付き人が保証人になってくれて、1988年の大晦日に婚姻届を出したのでした。

妻だけでなく家族全員が僕の仕事に無関心――そのワケは……

結婚してからは、家の中のこと、子育てのこと、何もかも一切を妻に任せきりです。僕は仕事以外のことはまったく何もしないので、家にいるときも、自分の部屋に入ってまるで引きこもり状態。一日中そこで過ごして、たまに出かけるのは趣味のテニスをするときぐらいです。食事も、大抵、妻がルームサービスのように運んでくれるのを部屋で食べます。

今でこそ穏やかに仕事もできていますが、30代の頃は、仕事の上でうまくいかないことが多く、家族に癇癪《かんしゃく》を起こすこともありました。弱いところを妻に見せてボロボロになってしまったり、子どもにも感情的になって怒鳴ったりしたこともあったのです。

でも、そういうときでも妻はじっと耐えて我慢してくれました。申し訳ないことをしたと思うとともに、やはりありがたかったと感謝の念しかありません。彼女は僕の仕事にはまるで興味がないそうです。いや、妻だけではなく家族全員、僕の仕事や出演作に関心がないんですね。

それというのも、僕が常に感想を求めてうるさいからなのです。

「どうだった？」

「よかったよ」

そう言われると、もっと詳しく聞きたくなります。

「どこがどんなふうによかった？」

「あそこはこうなんだけど、どう見えた？」

など、どんどん細かいところまで何十回も同じことをしつこく訊くので、「もううるさい！」となる。こんなことなら、いっそのこと見ないでおこうということになったようです。

けれども、こうした妻や娘たちの態度は、気が弱く、何でもネガティブに捉える傾向のある僕にとっては、往々にしてありがたいもの。特に体調面に関して僕は気にし始めると、とことんマイナス思考になってしまって、「自分はガンになった」などと、すぐに思いつめてしまうのですが、こういうときも、いい意味で相手にしてもらえません（笑）。これが結構救いになっているのかもしれないと思います。

落ち込むと嫌なので、僕は自分の出演した作品も一切見ません。自分が思っている芝居と、実際の芝居にずれがあったりするとものすごく落ち込んで、そのあともずっと引きずるので、基本的に見ないことにしているのです。朝、顔を合わせたスタッフが、昨夜の放送のことについて何も触れないだけで、「ああ、もう昨日は駄目だったんだ」と思ってしまうのです。我ながら困った性分だと思います。スタッフにしてみれば、忙しくてコメントを言う暇もないだけなのでしょうが。

ですから妻によくこう言われるのです。

「あなたって、嘘ばっかりついているわね。ちっちゃい男が、あんな偉そうな男をやっちゃって」

『真田丸』の真田昌幸を見ても、『なつぞら』柴田泰樹を見ても、まったくそんな気の弱い、ネガティブな男が演じているようには見えない。むしろ堂々として頼りがいのある男ばかり。泰樹のように「一番悪いのは、人がなんとかしてくれると思って生きることだ」とプライベートで言うとはさすがに思っていらっしゃらないでしょうが、草刈正雄もきっとそうだろうと見える……らしいのです。いや、残念ながら僕のネガティブな感情は、地球の裏側に届くのではというほど根が深い。

妻はそんな僕のあれこれを全部理解したうえで、近すぎず遠すぎず見守ってくれているのがありがたい。一見放っておいてくれているように見えますが、外出したときなど、僕が何時に帰宅するかをとても気にしていて、必ずそれまでには自分が帰宅するようにしてくれているのだと、一緒に出かけた人から聞いたことがあります。

僕の生活は大体行動が決まっていて、朝は5時くらいに起床。ジョギングをして、駅前の喫茶店に行き台詞を覚える。そして時々、テニスを楽しむ。こういうルーティンを元気に続けられるのも、妻が作ってくれる朝食のお陰です。僕は大の和食党なのですが、ご飯にお味噌汁、アジの開きや漬物、明太子。旅館の朝ごはんのような朝食を毎日用意してくれる。

とにかく僕は家にいるときは、お気に入りのソファに座ってテレビをボーッと見ていることがほとんど。出かけてもすぐに帰ってくるので、逆に妻から「たまにはゆっくりしてくればいいのに」などとボヤかれたりするぐらいです。

おそらく僕は彼女がいなかったら一日もやっていけないでしょうね。子離れはできても妻離れはできない（笑）。こんな相手に巡り合えたことをありがたく思って、これからも大事にしていかなければいけないと思います。

将来、もしゆっくり時間が取れるときが来たら、夫婦水入らずで船で旅ができたらいいだろうなというのが今の夢です。それまでは、まだまだがむしゃらに仕事を頑張らなければ。妻のために、家族のために、まずは自分自身が毎日を楽しんで充実させていこうと心に決めています。

年譜

1952年（0歳） 福岡県小倉市（現・北九州市小倉北区）に生まれる。

1959年（7歳） 小倉市立中島小学校入学。

1965年（13歳） 小倉市立白銀中学校入学。


1968年（16歳） 福岡県立小倉西高等学校定時制入学。軟式野球部に所属。

東洋陶器株式会社（現・TOTO）入社（3日で退社）。

世界文化社の代理店に就職、本のセールスをするが後に退社。

第15回全国高等学校定時制通信制軟式野球連盟全国大会に出場するため上京、神宮球場で準々決勝まで勝ち進む。

フジモト文具店に就職。

スナックでアルバイトを始める。


1969年（17歳） 東京の大手モデルクラブ、セントラルファッションのオーディションに合格、上京し、モデルデビュー。

1970年（18歳）
資生堂化粧品「ＭＧ５」のＣＭに出演、一躍全国区の顔に。
映画『卑弥呼』（表現社・ＡＴＧ 篠田正浩監督）
映画『神田川』（東宝・国際放映 出目昌伸監督）
映画『青葉繁れる』（東宝 岡本喜八監督）

1974年（22歳）
映画『沖田総司』（東宝 出目昌伸監督）
映画『エスパイ』（東宝 福田純監督）
製作者協会新人賞受賞。
1975年（23歳）
映画『櫛の火』（東宝 神代辰巳監督）
映画『がんばれ！若大将』（東宝 小谷承靖監督）
エランドール賞・新人賞受賞。

1976年（24歳）
映画『激突！若大将』（東宝 小谷承靖監督）
映画『喜劇 百点満点』（東宝 松林宗恵監督）
映画『あにいもうと』（東宝 今井正監督）
大河ドラマ『風と雲と虹と』（ＮＨＫ）

1976年（24歳）

ドラマ・日曜劇場『手帳』（TBS）
ドラマ『ほんとうに』（TBS）

1977年（25歳）

ドラマ『華麗なる刑事』（フジテレビ）
ドラマ『新選組始末記』（毎日放送）
ドラマ・日曜劇場『白い闇』（TBS）
ドラマ『家族』（TBS）
マルベル堂ブロマイド年間ランキング俳優部門第1位を獲得。

1978年（26歳）

映画『火の鳥』（東宝 市川崑監督）
ドラマ・土曜ワイド劇場『青春の荒野』（テレビ朝日）
ドラマ・鎌田敏夫シリーズ『十字路』（NHK）
ドラマ・日曜劇場『遠いわかれ』（TBS）

1979年（27歳）

映画『病院坂の首縊りの家』（東宝 市川崑監督）
映画『戦国自衛隊』（東宝 角川春樹事務所 斎藤光正監督）
土曜ドラマ『日本巌窟王』（NHK）

ニッカウヰスキー ハイニッカのCMに出演。

1980年（28歳）

映画『復活の日』（東宝 角川春樹事務所・TBS 深作欣二監督）

1981年（29歳）

映画『ええじゃないか』（松竹 今村昌平監督）
ドラマ『プロハンター』（日本テレビ）
ドラマ『骨肉の森』（テレビ朝日）
ドラマ『鞍馬天狗』（TBS）

1982年（30歳）

映画『汚れた英雄』（東映 角川春樹監督）

1983年（31歳）

ドラマ『追跡 妻たちの反乱』（NHK）

1984年（32歳）

映画『湾岸道路』（東映クラシックフィルム 東陽一監督）
ドラマ『鹿鳴館物語』（日本テレビ）
ドラマ『激愛・三月までの…』（TBS）
ドラマ『うさぎ、はねた！』（CBC）
ドラマ『ロス市警アジア特捜隊』（日本テレビ）

１９８４年（32歳）

東芝カラーテレビ ＣＯＲＥ ＦＳファインのＣＭに出演。
東芝テレビデッキ　ビュースターのＣＭに出演。
『ドラキュラ その愛』（日生劇場）で初舞台を踏む。

１９８５年（33歳）

ドラマ・新大型時代劇『真田太平記』（ＮＨＫ）
映画『白い野望』（東映 出目昌伸監督）

１９８６年（34歳）

舞台『黒蜥蜴』（中日劇場）

１９８７年（35歳）

映画『塀の中のプレイボール』（松竹 鈴木則文監督）
ドラマ『悪女に四本のバラ 美しい女社長をめぐる完全犯罪』（テレビ朝日）

１９８８年（36歳）

ドラマ『隣の未亡人とおかしな二人』（テレビ朝日）
ドラマ『ロマンチック街道 恋に落ちて』（ＴＢＳ）
ドラマ『悪い奴らは眠らない』（フジテレビ）
ドラマ・土曜ワイド劇場『悪女はラベンダーの香り』（テレビ朝日）

大晦日に結婚。
1989年（37歳）
映画『風の又三郎 ガラスのマント』（日本ヘラルド映画・朝日新聞社・東急エージェンシー 伊藤俊也監督）
映画『誘惑者』（ヘラルド・エース 長崎俊一監督）
ドラマ『ロマンスに弱いの』（フジテレビ）
1990年（38歳）
映画『妖怪天国 ゴースト・ヒーロー』（ポニーキャニオン 手塚眞監督）
映画『稲村ジェーン』（東宝 桑田佳祐監督）
ドラマ『花迷宮―昭和異人館の女たち―』（フジテレビ）
ドラマ『イスタンブール 黒いヴェールの女』（フジテレビ）
ドラマ『キモチいい恋したい！』（フジテレビ）
ドラマ『山岳救助犬ララ』（ＴＢＳ）
ドラマ『殺意の囁き』（フジテレビ）

1991年（39歳）

ドラマ『花迷宮 上海から来た女』（フジテレビ）
ドラマ『山岳救助犬ララⅡ』（TBS）
ドラマ『世にも奇妙な物語 ズンドコベロンチョ』（フジテレビ）
ドラマ『外科病棟女医の事件ファイル』（テレビ朝日）
ドラマ・火曜サスペンス劇場『けものみち』（日本テレビ）
ビデオ『名のない男 破壊！』（東映ビデオ）

1992年（40歳）

ドラマ・日曜劇場『愛ふたたび』（TBS）
ドラマ『世にも奇妙な物語 食べ過ぎた男』（フジテレビ）
ドラマ『女子大生名探偵 華やかな密室殺人』（TBS）
ドラマ『緋牡丹マンション 母vs暴力団vs住民vsチンピラvs警察大混戦』（フジテレビ）
ドラマ・日曜劇場『愛はふしぎ』（TBS）
ドラマ『銀座ママ亜弥子の日記』（フジテレビ）

1993年（41歳）

映画『新 極道の妻たち 覚悟しいや』（東映 山下耕作監督）

1994年（42歳）

映画『くまちゃん』（ポニーキャニオン・タカラ・こぐま兄弟舎 小中和哉監督）
映画『XX 美しき凶器』（東映 小水一男監督）
ドラマ『花嫁の鮮やかな完全犯罪』（テレビ朝日）
ドラマ『if もしも あるフェミニスト課長の秘書選び 美人かブスか』（フジテレビ）
ドラマ『小さな王国 女教師を狙う悪魔の転校生』（関西テレビ）
ドラマ『幻の女・闇に消えたアリバイ』（関西テレビ）
ドラマ『じゃじゃ馬ならし』（フジテレビ）
ドラマ『華やかな密室殺人2 愛した人はもういない』（TBS）
舞台『キャバレー』（シアターアプル）
ドラマ『かかし半兵衛 無頼旅』（テレビ朝日）
映画『「N45°」第3話〝情熱の荒野〟』（WOWOW・ヒルヴィラ 佐々木浩久監督ほか）

1994年（42歳）
ドラマ『南くんの恋人』（テレビ朝日）
大河ドラマ『花の乱』（NHK）
映画『水の中の八月』（『水の中の八月』製作実行委員会 石井岳龍（聰亙）監督）
ドラマ『新宿鮫 無間人形』（NHK）
ドラマ『南くんの恋人スペシャル もうひとつの完結編』（テレビ朝日）

1995年（43歳）
ドラマ『うちの母ですが…』（テレビ朝日）
ドラマ・朝の連続テレビ小説『走らんか！』（NHK）
舞台『キャバレー』（シアターアプル）

1996年（44歳）
ドラマ『イグアナの娘』（テレビ朝日）
ドラマ『古畑任三郎 第2期』（フジテレビ）
ドラマ・月曜ドラマスペシャル『湯けむり仲居純情日記6 鳥取皆生温泉の旅館にお家騒動！』（TBS）
舞台『夢幻にて候―信長とお市―』（明治座）

1997年（45歳）

大河ドラマ『毛利元就』（NHK）
舞台『ヴィクター・ヴィクトリア』（青山劇場ほか）
舞台『マイ・フェア・レディ』ミュージカル（帝国劇場）
ドラマ『おそるべしっっ!!! 音無可憐さん』（テレビ朝日）
ドラマ・金曜エンタテイメント『ド借金夫婦の名推理』（フジテレビ）

1998年（46歳）

舞台『シュガー』（日生劇場）
舞台『花迷宮』（帝国劇場）
舞台『アンネの日記』（芸術劇場ほか）
舞台『34丁目の奇跡』（シアターアプル）
舞台『キャバレー』（シアターアプル）
舞台『花の天勝』（新橋演舞場）
舞台『ワルツが聞こえる?』（アートスフィア）

1999年（47歳）

映画『白痴』（松竹 手塚眞監督）

1999年（47歳）	ドラマ『可愛いだけじゃダメかしら？』（テレビ朝日） ドラマ・金曜時代劇『スキッと一心太助』（NHK）
2000年（48歳）	ドラマ・朝の連続テレビ小説『私の青空』（NHK） ドラマ・土曜ワイド劇場『スーパーエステの死美人 まじめ警部補と型破り刑事』（テレビ朝日） ドラマ『狩矢父娘シリーズ1 京都貴船川殺人事件』（テレビ朝日）
2001年（49歳）	映画『極道の妻たち 地獄の道づれ』（東映 関本郁夫監督） 舞台『男の花道』（アートスフィアほか）
2002年（50歳）	ドラマ愛の詩シリーズ『エスパー魔美』（NHK） ドラマ『私の青空2002』（NHK） ドラマ・金曜ナイトドラマ『ツーハンマン』（テレビ朝日） 舞台『パナマ・ハッティー』（帝国劇場） 舞台『マイ・フェア・レディ』ミュージカル（中日劇場ほか）

舞台『奥さまの冒険―わたしバカよね―』（芸術座）

ドラマ・金曜時代劇『御宿かわせみ』（NHK）

ドラマ『伝説のマダム』（日本テレビ）

ドラマ・木曜ドラマ『動物のお医者さん』（テレビ朝日）

ドラマ『愛するために愛されたい Loved to Love』（TBS）

2003年（51歳）

ドラマ『帰ってきたロッカーのハナコさん』（NHK）

映画『ULTRAMAN』（松竹 小中和哉監督）

ドラマ・火曜サスペンス劇場『警部補 佃次郎19～妻の秘密～』（日本テレビ）

2004年（52歳）

ドラマ・金曜時代劇『御宿かわせみ 第二章』（NHK）

ドラマ『ウルトラQ～dark fantasy～』（テレビ東京）

ドラマ『ケータイ刑事 銭形泪《るい》』（BS-i）

ドラマ『ケータイ刑事 銭形零ファーストシリーズ』（BS-i）

２００４年（52歳）

ドラマ『ケータイ刑事 銭形泪セカンドシリーズ』（ＢＳ-ｉ）
舞台『レディ・ゾロ』音楽活劇（赤坂ＡＣＴシアターほか）
舞台『奥さまの冒険―わたしバカよね―』（梅田コマ劇場）
舞台『マイ・フェア・レディ』ミュージカル（梅田コマ劇場）
舞台『音楽劇「エターナリー」～変わりゆく街の変わらぬ約束～』とびうめ国文祭（北九州芸術劇場大ホール）

２００５年（53歳）

映画『ブラックキス』（アップリンク 手塚眞監督）
ドラマ・金曜時代劇『御宿かわせみ 第三章』（ＮＨＫ）
大河ドラマ『義経』（ＮＨＫ）
舞台『越路吹雪物語』（全国公演）
舞台『最悪な人生のためのガイドブック』（パルコ劇場ほか）

２００６年（54歳）

映画『ケータイ刑事 ＴＨＥ ＭＯＶＩＥ バベルの塔の秘密～銭形姉妹への挑戦状』（エム・エフボックス 佐々木浩久監督）
ドラマ・木曜時代劇『次郎長 背負い富士』（ＮＨＫ）
ドラマ『ケータイ刑事 銭形雷セカンドシリーズ』（ＢＳ-ｉ）

ドラマ・金曜ナイトドラマ『アンナさんのおまめ』(テレビ朝日)
舞台『笠置シヅ子物語 わが歌ブギウギ』(大阪松竹座)

2007年(55歳)

映画『0093 女王陛下の草刈正雄』(エム・エフボックス 篠崎誠監督)
ドラマ・日曜劇場『冗談じゃない!』(TBS)
ドラマ『エコラボ〜もったいない博士の異常な愛情』(フジテレビ)
ドラマ『ケータイ刑事 銭形海』(BS-i)
舞台『ケータイ刑事 銭形海』(赤坂RED THEATER)

2008年(56歳)

映画『WALL-E/ウォーリー』(声優・吹替)(ウォルト・ディズニー・スタジオ・モーション・ピクチャーズ アンドリュー・スタントン監督)
大河ドラマ『篤姫』(NHK)
ドラマ・土曜ワイド劇場『100の資格を持つ女 ふたりのバツイチ殺人捜査』(テレビ朝日)

２００８年（56歳）

ドラマ・連続ドラマ『モンスターペアレント』（フジテレビ）
舞台『越路吹雪物語』（中日劇場・日生劇場）
舞台『ローズのジレンマ』（ル テアトル銀座ほか）

２００９年（57歳）

ドラマ『福家警部補の挨拶～オッカムの剃刀』（ＮＨＫ）
ドラマ『キイナ～不可能犯罪捜査官～』（日本テレビ）
ドラマ『アタシんちの男子』（フジテレビ）
ドラマ・土曜ワイド劇場『１００の資格を持つ女２ ふたりのバツイチ殺人捜査』（テレビ朝日）
ドラマ『ＲＯＭＥＳ 空港防御システム』（ＮＨＫ）
舞台『コール～ＣＡＬＬ～』（東京グローブ座・サンケイホールブリーゼ）
舞台『ミー＆マイガール』（帝国劇場）
『美の壺』（ＮＨＫ）ナビゲーター レギュラーに

２０１０年（58歳）

ドラマ・土曜ワイド劇場『１００の資格を持つ女３ ふたりのバツイチ殺人捜査』（テレビ朝日）

ドラマ・古代史ドラマスペシャル『大仏開眼』（NHK）
ドラマ・土曜ワイド劇場『100の資格を持つ女4 ふたりのバツイチ殺人捜査』（テレビ朝日）
ドラマ・2夜連続松本清張スペシャル『球形の荒野』（フジテレビ）
『ゴールデン☆ベスト 草刈正雄～EARLY DAYS～』（ビクターエンタテインメント）リリース。

2011年（59歳）

映画『歌うヒットマン！』（バンブーピクチャーズ 高畑隆史監督）
ドラマ『「名探偵コナン」ドラマスペシャル 工藤新一への挑戦状～怪鳥伝説の謎』（日本テレビ）
ドラマ・スペシャルドラマ『坂の上の雲 第3部』（NHK）
大河ドラマ『江～姫たちの戦国～』（NHK）
ドラマ・土曜ワイド劇場『100の資格を持つ女5 ふたりのバツイチ殺人捜査』（テレビ朝日）

『COMPASS～未来航路～』（日本テレビ）
ドラマ・金曜ドラマ『恋愛ニート』（TBS）
ドラマ・木曜劇場ドラマ『カエルの王女さま』（フジテレビ）
ドラマ・土曜ワイド劇場『100の資格を持つ女6 ふたりのバツイチ殺人捜査』（テレビ朝日）
ドラマ・BS時代劇『薄桜記』（NHK BSプレミアム）
ドラマ『BSコンシェルジュ』（NHK BS）
ドラマ・月9ドラマ『PRICELESS～あるわけねぇだろ、んなもん！』（フジテレビ）
舞台『日本の面影』（俳優座劇場）

2012年（60歳）

映画『体脂肪計タニタの社員食堂』（角川映画 李闘士男監督）
ドラマ・土曜ワイド劇場『100の資格を持つ女7 ふたりのバツイチ殺人捜査』（テレビ朝日）
ドラマ・土曜ドラマ『夫婦善哉』（NHK）
ドラマ『抱きしめたい！Forever』（フジテレビ）

2013年（61歳）

ドラマ・水曜ミステリー9『カメラマン亜愛一郎の迷宮推理』（テレビ東京）
ドラマ『ただいま母さん』（NHK BSプレミアム）
舞台『クリスマス・キャロル』（シアター1010ほか）

2014年（62歳）
ドラマ『緊急取調室』（テレビ朝日）
ドラマ・土曜ワイド劇場『100の資格を持つ女8 ふたりのバツイチ殺人捜査』（テレビ朝日）
舞台『日本の面影』（俳優座劇場）
舞台『君となら』（パルコ劇場）
舞台『クリスマス・キャロル』（アイアシアタートーキョー）

2015年（63歳）
ドラマ・赤と黒のゲキジョースペシャルドラマ『上流階級～富久丸百貨店外商部～』（フジテレビ）
ドラマ・土曜ワイド劇場『100の資格を持つ女9 ふたりのバツイチ殺人捜査』（テレビ朝日）

2015年（63歳）

ドラマ・金曜ロードSHOW『結婚に一番近くて遠い女』（日本テレビ）
ドラマ『美女と男子』（NHK）
ドラマ『民王』（テレビ朝日）
ドラマ・土曜ワイド劇場『100の資格を持つ女 10 ふたりのバツイチ殺人捜査』（テレビ朝日）

2016年（64歳）

大河ドラマ『真田丸』（NHK）
ドラマ・土曜ワイド劇場『100の資格を持つ女11 ふたりのバツイチ殺人捜査』（テレビ朝日）
ミスター・ドーナッツ「クロワッサン・マフィン」のCM出演
J：COM「TVよ変われ」のCM出演
第33回ベストジーニスト・協議会選出部門受賞。
コンフィデンスアワード・ドラマ賞年間大賞・助演男優賞受賞（『真田丸』）。

2017年(65歳)

ドラマ・プレミアムよるドラマ『幕末グルメ ブシメシ!』(NHK BSプレミアム)

ドラマ・土曜ワイド劇場『100の資格を持つ女12 ふたりのバツイチ殺人捜査』(テレビ朝日)

ドラマ『ドクターX~外科医・大門未知子~第5期』(テレビ朝日)

スズキ ワゴンRのCM出演。

バラエティ番組『世界の果てまでイッテQ!』(日本テレビ)にゲスト出演。南アフリカ共和国へ。

信州上田観光プレジデント就任。

初の写真集『草刈正雄 FIRST PHOTO BOOK』(双葉社)刊行。

東京ドラマアウォード2017 助演男優賞受賞(『真田丸』)。

2018年(66歳)

映画『体操しようよ』(東急レクリエーション 菊地健雄監督)

２０１８年（66歳）

ドラマ・正月時代劇『風雲児たち～蘭学革命《れぼりゅうし》編～』（ＮＨＫ）
ドラマ『68歳の新入社員』（関西テレビ）
ドラマ『イノセンス 冤罪弁護士』（日本テレビ）
バラエティ番組『世界の果てまでイッテＱ！』（日本テレビ）にゲスト出演。ルワンダ共和国へ。

２０１９年（67歳）

ドラマ『モンローが死んだ日』（ＮＨＫ ＢＳプレミアム）
ドラマ・朝の連続テレビ小説『なつぞら』（ＮＨＫ）
「スーツ・オブ・ザ・イヤー（２０１９）」を受賞。
映画『記憶にございません！』（東宝 三谷幸喜監督）
バラエティ番組『世界の果てまでイッテＱ！』（日本テレビ）にゲスト出演。オーストラリアへ。

２０２０年（68歳）

ドラマ・連続ドラマＷ『オペレーションＺ～日本破滅、待ったなし～』（ＷＯＷＯＷ）

草刈正雄（くさかり・まさお）役者

1952年9月5日、福岡県小倉市（現・北九州市小倉北区）生まれ。69年モデルデビュー。70年資生堂化粧品MG5のCMで一躍人気沸騰。以後、役者としても活動開始。74年映画『卑弥呼』で映画デビュー。以後、『沖田総司』『復活の日』『汚れた英雄』など数々の話題作に出演するほか、テレビドラマ、舞台でも幅広く活躍する。2016年に出演したNHK大河ドラマ『真田丸』の真田昌幸役で再ブレイク、続く19年のNHK朝の連続テレビ小説『なつぞら』でも大きな注目を集め、新たなファン層を獲得した。09年から教養バラエティ番組『美の壺』（NHK BSプレミアム 毎週金曜午後７時30分～）の２代目ナビゲーターを務め好評を博している。

あとがき

よくインタビューで聞かれることがあります。

「これから取り組んでみたい作品、役柄はありますか」

この問いかけをされると、申し訳ないような、困ったような気持ちになるのです。

というのも、僕は「こんなチャレンジがしたい」より、むしろ「僕という役者をどのように料理してくれるのだろう」ということにワクワクするのです。いただいた台本を読んでいるうちに「どうしてもこの役、やりたい」とパッションを駆り立てられていきます。ですから、台本を読んで惹かれ、最終的に自分がお引き受けすることになった役柄そのものが、僕にとっては「これから取り組んでみたい」ことなのです。
台詞を完璧に読み込んだと思えるようになると、役柄が自然と自分のものになっていきます。なぜそうなるのかは、自分でもわかりません。何かが降りてくる……といったらカッコいいですが、台詞が入り、メイクをし、衣装をまとうことでネガティブな性格の僕でも自信がにじみ出てくるのかもしれないですね。

2020年、僕は芸能生活50周年を迎えます。二枚目を演じることが多かった若い頃……。まるで一人で生きてきたように突っ張った時期もありました。天狗になった僕にあたかも神様が鉄槌《てっつい》を下すように大きな試練をお与えになったことも。カメラが自分の前をすっと流れ、別な俳優さんにフォーカスするたび、いろんな感情が交錯し自分の中にあるドロドロとしたものを抑え切れず、家族にぶつけたときもあります。思い返すと苦いものを感じます。

でも、僕は幸せだと思います。これまで生きてきた、いいときも厳しいときも、僕には人との出会いがありました。その一つひとつに何度救われたことでしょう。節目節目で訪れた奇跡のような出会いが、僕を次のステージへと誘《いざな》ってくれました。

「無理だ、務まらない」と思った舞台に立つことで、三谷幸喜さんと出会うことにもなりましたし、それがいくつかのプロセスを経て、『真田丸』へとつながっていきました。そこでできた絆がまた『なつぞら』にもつながって……。

不思議なもので、映画でもテレビでも舞台でも、作品と真摯に向き合っていると、わらしべ長者ではないけれど、次の「何か」を引き寄せてくれます。未だ見ぬこれからの出会いは、どんな人、どんな作品とのつながりを呼ぶのでしょう。我がことながら楽しみです。

いろいろなことがありました。悔しいこと、悲しいこと、つらいこと……もちろん、嬉しいこともたくさん。重ねてきた幾つものことが地層のように重なり、今の僕を作っています。
そして今、私たちはウィズコロナの時代を生きています。家から出られないのはつらいですね。頑張って乗り越えましょう。
これまで出会ったすべての人、出来事に感謝します。歳を重ねるのも、まんざら悪くはないですね。そして、僕を応援してくださる皆さんに僕の率直な気持ちを伝えたいと思います――。

ありがとう!

2020年　夏

草刈正雄

企画協力　バービィオフィス
撮影　伊藤彰紀(aosora)
スタイリング　池谷隆央(Calledge)
きものコーディネート　相澤慶子
着付け　小田桐はるみ
ヘア&メイク　山口公一(SLANG)
編集　井澤豊一郎
編集協力　北 菜穂子
カバー&本文デザイン　斉藤 啓(ブッダプロダクションズ)
校正　株式会社円水社
DTP　株式会社明昌堂

ありがとう!
僕の役者人生を語ろう

発行日　2020年8月1日　初版第1刷発行

著　者　草刈正雄
発行者　秋山和輝
発　行　株式会社世界文化社
〒102-8187　東京都千代田区九段北4-2-29
電話 03-3262-5118(編集部)
03-3262-5115(販売部)
印刷・製本　中央精版印刷株式会社

ISBN978-4-418-20503-5